Doutrina Espírita Sem Segredos

Letra Espírita

EVELYN FREIRE DE CARVALHO

Doutrina Espírita Sem Segredos

2ª edição

Campos dos Goytacazes/RJ - 2023

2ª Edição – Junho/2023

Capa e Diagramação: Gabriela Dias

Imagem da capa: Freepik.com

Revisão: Rafaela Paes de Campos

Coordenação Editorial: Murilo Viana

Ilustração: Freepik.com

Impresso no Brasil

Contato e pedidos:
vendas@letraespirita.com.br
(22) 2738-0184

Dados Internacionais de Catalogação na Publicação (CIP)
(Câmara Brasileira do Livro, SP, Brasil)

Carvalho, Evelyn Freire de
Doutrina espírita sem segredos / Evelyn Freire de Carvalho. -- 2. ed. -- Campos dos Goytacazes, RJ : Letra Espírita, 2023.

ISBN 978-65-88535-46-2

1. Doutrina espírita 2. Espiritismo 3. Mediunidade - Doutrina espírita 4. Reencarnação - Espiritismo I. Título.

23-144380 CDD-133.901

Índices para catálogo sistemático:

1. Doutrina espírita : Espiritismo 133.901

Aline Graziele Benitez - Bibliotecária - CRB-1/3129

Dedicatória

Aos queridos amigos que trabalham na divulgação do Evangelho.

Não sendo possível nominar todos os instrutores, evangelizadores, presidentes e diretores de centros Espíritas, coordenadores de departamento, médiuns, entre outros, gostaria que se sentissem homenageados nas pessoas que trabalham conosco nas reuniões mediúnicas da Casa do Caminho Simão Pedro. Somos uma grande família unida pelo sentimento maior: O AMOR.

Dedico à: Aline, Anelson, Antônia, Carlinhos, Cris, Eliene, Erdelita, Felipe, France, Majory, Marcelo, Paty, Poly, Tatyana, Vinícius e Vivi.

Agradecimentos

Aos meus amados pais, Carlos e Graça, pela educação baseada em princípios retos e nobres, fundamentais para a formação da minha personalidade.

À memória de meus queridos avós Hilda e José, que exemplificaram o amor e a dedicação ao próximo, servindo diariamente de inspiração para que buscasse ser uma pessoa melhor.

À minha irmã Pryscila, por me ensinar a beleza do bom humor e da desconcentração, mesmo em momentos difíceis.

Ao meu irmão Carlos que com sua seriedade e paz ajudou-me na busca desses sentimentos em mim.

À minha tia Lourdes por ser uma segunda mãe e amiga de confidências, envolvendo-me sempre com muito amor e carinho.

Aos meus filhos Nathália e Carlos Eduardo, tesouros da minha existência e provas vivas de que é possível amar sempre mais, todos os dias.

Aos meus demais familiares de Manaus, Cuiabá e Fortaleza, pela convivência sempre fraternal e amorosa, permitindo-me sentir a alegria de fazer parte de uma verdadeira família.

Ao amigo Marcus Vinícius Corrêa Bittencourt por sugerir a criação do canal no

YouTube, início de tudo, e por me inspirar com sua personalidade criativa e inovadora.

Ao amigo Rodrigo Pironti Aguirre de Castro, por me ensinar o significado de "dar o nosso melhor sempre", exemplo que incorporei em minha vida.

Às queridas amigas Yana Borghi e Tizziana Borghi, da equipe "Conhecendo o Espiritismo", pelo auxílio e incentivo no trabalho de divulgação da Doutrina Espírita, sem as quais nada teria sido possível.

Com justiça, aos amigos espirituais que me inspiraram a divulgar o Espiritismo e a realizar esta obra, enchendo meu coração de confiança e fé para acreditar que seria possível e não desistir; em especial aos Espíritos Angelina e Espanhola, amigas muito amadas que me acompanham e me estimulam a prosseguir.

A Deus, por me criar com a centelha divina do amor, destinada à felicidade e à perfeição.

Evelyn Freire de Carvalho

Sumário

Apresentação

Olá, meus amores. Estamos mais uma vez pensando em vocês e no que podemos fazer para que o conteúdo da Doutrina Espírita seja divulgado de forma clara, atualizada, didática e muito tranquila.

Trazemos agora uma nova e atualizada edição do nosso primeiro livro. Que alegria podermos reescrever algumas coisas, melhorar outras, de modo a tornar o conteúdo da obra ainda mais rico.

Para mim é sempre maravilhoso ter a oportunidade de continuar trabalhando na séria Conhecendo o Espiritismo, seja por meio da publicação de novos livros ou atualizando e aprimorando as já existentes. Trabalhar para Jesus é extremamente gratificante e o fazemos com muita satisfação.

Como normalmente dizemos, não temos a pretensão de deter a palavra final sobre os temas ora ventilados, nosso objetivo é tão somente contribuir para o esclarecimento do ser humano, auxiliando-o na busca da necessária reforma íntima, na conquista do amor e da tão sonhada felicidade. Quando estamos conectados a Deus, sentimos o coração mais leve, tranquilo e feliz, as dificuldades da vida, conquanto não desapareçam, tornam-se mais leves.

Esperamos que vocês também possam apreciar esse singelo trabalho, conhecendo e aprofundando os conhecimentos acerca da Doutrina Espírita.

Prefácio

Uma rosa é tão bela, mesmo tendo espinhos que machucam. Uma rosa emite lindo e delicado perfume, mesmo quando não se encontra mais plantada à terra. Uma rosa transmite um sentimento de delicadeza, beleza, amor e paz, embora possua espinhos em seu caule.

Assim também é a palavra do Mestre! Para sentirmos toda a Sua luz, todo o Seu amor e toda a Sua magnitude precisamos, algumas vezes, passar por momentos de dor, mas sempre valerão a pena.

As rosas, quando unidas em um lindo jardim ou mesmo em um buquê, são sinônimo de amor. Que possamos ser como as rosas, formando um lindo jardim em nome do Pai.

Que sejamos a rosa a emitir o perfume, mesmo ainda não desprovidos de espinhos. Que a beleza do Evangelho sobressaia da dor como a beleza da rosa sobressai sobre os espinhos.

Que as flores do Evangelho sejam derramadas sobre a humanidade por meio desta singela obra, primeira de uma séria pensada por todos aqueles que almejam ver a luz do Mestre verdadeiramente presente na Terra.

Esta série apresenta um lindo e emocionante jardim, trazido pouco a pouco com a concordância de Deus e com o auxílio dos Amigos Espirituais.

Cada ponto de luz que se acende na Terra representa um coração a menos nos espinheiros do erro e do sofrimento.

Que as rosas desse jardim embelezem sua vida e sua alma trazendo-o para mais perto do Mestre Jesus.

Equipe Espiritual do Conhecendo o Espiritismo

Capítulo I
A Origem do Espiritismo

1. O que é o Espiritismo?

O termo Espiritismo foi criado por Allan Kardec, segundo consta da introdução ao estudo da Doutrina Espírita, em *O Livro dos Espíritos,* por entender serem necessários novos termos para designar novas coisas, pois assim o exige a clareza da linguagem, objetivando evitar dúvidas e confusões inerentes aos múltiplos sentidos de uma mesma palavra. Segundo o Codificador, os vocábulos 'Espiritual', 'Espiritualista', e 'Espiritualismo' têm significados bem definidos e, dar-lhes outro, para incluir também a Doutrina dos Espíritos, seria multiplicar as causas de ambiguidade[1].

Destaca ser o Espiritualismo o oposto do materialismo. Quem acredite em algo mais do que a matéria, é um Espiritualista, contudo não necessariamente na existência dos Espíritos ou em suas comunicações com o mundo visível, sendo esta a grande diferença entre os Espiritualistas e os Espíritas.

O Espiritualismo, portanto, é uma Doutrina filosófica que afirma a existência de uma alma imortal no homem, de um princípio substancial distinto da matéria e do

---

[1] KARDEC, Allan. *O Livro dos Espíritos*, 93ª ed. Brasília: Editora FEB, 2013, p. 13.

corpo, razão absoluta de ser da vida e do pensamento, a crença na existência de uma alma Espiritual, imaterial, que conserva sua individualidade após a morte.

Por isso, passou Kardec a utilizar os termos 'Espírita e "Espiritismo", por serem perfeitamente inteligíveis e mais apropriados à crença na existência dos Espíritos e nas suas comunicações com o mundo material. O conceito de Doutrina Espírita ou Espiritismo pode ser definido como o conjunto de princípios e leis relevado pelos Espíritos Superiores, codificados por Allan Kardec e que constituem a Codificação Espírita: *O Livro dos Espíritos, O Livro dos Médiuns, O Evangelho Segundo o Espiritismo, O Céu e o Inferno e A Gênese.*

O Espiritismo é uma ciência que trata da natureza, origem e destino dos Espíritos, bem como de suas relações com o mundo corporal, sendo, ao mesmo tempo, uma ciência de observação e uma Doutrina filosófica. Oportuna é a observação constante de *O Evangelho Segundo o Espiritismo,* em seu capítulo intitulado "Não vim destruir a Lei", acerca do Espiritismo ser a ciência nova a revelar outras verdades aos homens, por meio de provas incontestáveis[2].

A obra informa ter o Espiritismo demonstrado a existência e a natureza do Mundo Espiritual, bem como suas relações com o mundo corporal, mostrando-o à humanidade não como algo sobrenatural, mas como uma das forças vivas e atuantes da Natureza, como fonte de uma imensidade de fenômenos até então desconhecidos e incompreendidos e, em consequência, considerados fantásticos. É por esta razão que muito do que o Mestre Divino disse quando aqui na Terra permaneceu ininteligível ou falsamente interpretado, vindo o Espiritismo ser a chave

[2] *Id. O Evangelho Segundo o Espiritismo*. 131ª ed. Brasília: FEB, 2013, p. 44.

com o auxílio da qual tudo se explica de modo fácil, direto e objetivo[3].

O objeto de estudo do Espiritismo diverge do abordado pela ciência humana, que se concentra no estudo das leis do princípio material. O Espiritismo, no entanto, busca conhecer as leis que regem o princípio Espiritual e seus pontos de convergência para com o material, demonstrando não poder o conhecimento de um estar completo sem o conhecimento do outro.

Sobre os princípios material e Espiritual, ainda falaremos mais detalhadamente na pergunta 27, a respeito dos Elementos Gerais do Universo. Contudo, em linhas gerais, podemos dizer que acima de tudo está Deus, que cria os dois princípios gerais: o material, originando tudo que é matéria no Universo, desde a mais pura e etérea a mais densa; e o Espiritual, originando o Espírito.

É por isso que Allan Kardec, em *A Gênese*, fala que o Espiritismo e a Ciência completam-se mutuamente, achando-se essa sem aquela impossibilitada de elucidar certos fenômenos apenas pelas leis que regem a matéria; por sua vez, o Espiritismo sem Ciência careceria de apoio e de comprovação. Observa-se, assim, ter sido necessário que o estudo das leis da matéria precedesse o da Espiritualidade, considerando ser a matéria aquilo que primeiro fere aos nossos sentidos. Caso o Espiritismo chegasse antes das descobertas científicas, teria sido abortado como tudo que surge antes do tempo propício[4].

Como a ciência já conhece e estuda o princípio material, encontra-se agora apta ao estudo do segundo princípio, o Espiritual, de modo a conhecer mais completamente as Leis de Deus e suas relações com os mundos material

---

[3] *Id., ibid.*

[4] *Id. A Gênese*. 53ª ed. FEB, 2013, p. 23.

e Espiritual. Em suma, os fenômenos Espíritas, aqueles produzidos pelos Espíritos desencarnados, são a base e a substância da Ciência Espírita, servindo o estudo e conhecimento desses fenômenos para o descobrimento das leis que os regem, bem como para o conhecimento da manifestação dos Espíritos, das suas faculdades, da sua situação feliz ou infeliz e do Mundo Espiritismo.

Outro aspecto fundamental da Doutrina Espírita e que será mais profundamente abordado na pergunta 04 é o seu tríplice aspecto: *ciência, filosofia e religião*. As verdades do Espiritismo têm bases filosóficas, são demonstradas cientificamente e se desdobram em consequências morais, que representariam o aspecto religioso, no sentido de religar o homem a Deus por meio da reforma íntima. Chico Xavier, ao comentar o tríplice aspecto da Doutrina e o fato de alguns desejarem separar a parte científica, filosófica e religiosa da Doutrina, lembrou que "*se tirarmos a religião do Espiritismo fica um corpo sem coração, se tirarmos a ciência, fica um corpo sem cabeça e se tirarmos a filosofia fica um corpo sem membro*[5]".

Além do tríplice aspecto da Doutrina Espírita, cabe ainda mencionar ser baseada em alguns princípios básicos, a saber: 1. A existência de Deus, 2. A imortalidade da alma, 3. A pluralidade das existências, 4. A pluralidade dos mundos habitados e 5. A comunicabilidade dos Espíritos. Em pergunta posterior, constante ainda deste capítulo, teremos a oportunidade de estudar detalhadamente casa um destes princípios fundamentais.

Para finalizarmos a abordagem inicial acerca do que é o Espiritismo, não poderia deixar de destacar ser ele considerado o Consolador Prometido por Jesus, quando disse:

---

[5] PORTAL Artigos.com. *Entrevistas com Chico Xavier versus Reflexões com Francisco Amado*. Disponível em: https://bit.ly/2woMfRO. Acesso em: 6 de junho de 2018.

> 15. Se me amais, guardai os meus mandamentos.
>
> 16. E eu rogarei ao Pau, e ele vos dará outro Consolador, para que fique convosco para sempre;
>
> 17. O Espírito de verdade, que o mundo não pode receber, porque não o vê nem o conhece, mas vós o conheceis, porque habita convosco e estará em vós[6].

Neste capítulo ainda compreenderemos mais amiúde a razão pela qual o Espiritismo realiza o que Jesus disse do Consolador Prometido, mas resumidamente é porque o Espiritismo traz o conhecimento das coisas, faz com que o homem saiba donde vem, para onde vai e porque está na Terra, atrai para os verdadeiros princípios da Lei de Deus e consola pela fé e pela esperança.

2. Os fenômenos mediúnicos começaram com o Espiritismo?

Não, os fenômenos mediúnicos sempre existiram. A mediunidade é faculdade inerente à espécie humana, a comunicação entre os dois planos da vida sempre foi conhecida, desde tempos imemoriais. Entretanto, teve que se submeter a um processo lento e gradual de evolução, cuja história acompanha a própria evolução do Espírito.

Os primeiros habitantes do planeta chamavam deus a tudo o que apresentava qualquer característica sobrenatural, qualquer coisa que lhes escapava ao entendimento, tais como fenômenos da natureza e até habilidades percebidas em outro indivíduo que o distinguia dos demais. Em consequência, rendiam-lhes cultos e, por não possuírem os sensos moral e intelectual desenvolvidos, os povos primitivos ofereciam aos deuses sacrifícios humanos e de

[6] x João 14: 15-17.

animais, assim como oferendas dos frutos da terra. Tais cultos eram marcados por práticas anímicas e mágicas que perduraram por milênios.

Através das experiências reencarnatórias, o homem aprende a utilizar sua energia Espiritual, extraindo elementos do fluido cósmico universal, que será oportunamente estuda em pergunta posterior, elaborando e aperfeiçoando seus mecanismos de expressão e de comunicação entre si e com os habitantes do Mundo Espiritual.

Inicia-se, desta feita, o processo civilizatório propriamente dito, que tem o poder de modificar a face do planeta. O processo evolutivo não foi, obviamente, executado exclusivamente pelo indivíduo, sempre esteve secundado por inteligências superiores, permitindo que o corpo Espiritual (perispírito) se aperfeiçoasse também e, como resultado, produzisse um veículo físico apto a lançar voos mais altos.

À medida que o Espírito evolui através das inúmeras reencarnações, naturalmente suas faculdades perceptivas são ampliadas, aprende a refinar as ondas do pensamento, pois o psiquismo humano encontra-se mais bem estruturado. Por meio da sintonia, emite vibrações que atraem o pensamento e as ideias de Espíritos semelhantes, encarnados ou desencarnados.

A intuição foi o sistema inicial de intercâmbio e, com o passar do tempo, o Ser Espiritual percebe que a mente é a chave de tudo, sendo ela a orientar todas as necessidades evolutivas do Espírito. O pensamento, força criativa, envolve as mentes dentro de seu raio de ação, mas também, pelos mecanismos de reciprocidade, é influenciado por Espíritos encarnados e desencarnados que vibram sem sintonia superior ou inferior.

Buscando fazer uma síntese histórica da mediunidade, trazemos a sequência mencionada na apostila *Mediunidade: Estudo e Prática*, programa 1, organizadora Marta Antunes de Oliveira, editada pela Federação Espírita Brasileira, cujo conteúdo foi inspirado em três obras Espíritas: *Evolução em Dois Mundos*, do Espírito André Luiz, psicografia de Francisco Cândido Xavier, FEB; *A Caminho da Luz*, do Espírito Emmanuel, psicografia de Francisco Cândido Xavier, FEB e *O Espírito e o Tempo - Introdução Antropológica do Espiritismo*, de Herculano Pires, editora Edicel.

Inicialmente traz a mediunidade primitiva, onde conta a intuição como sendo a mediunidade inicial. Observa-se o médium idólatra, que adora ou teme as forças da natureza, designadas como 'deuses; o sol, céu, lua, estrelas, chuva, árvores, rios, fogo, ser humano que se destaca na comunidade. Após, temos a mediunidade tribal, na qual se desenvolve uma mentalidade mediúnica coletiva, com a crença grupal em Espíritos ou deuses. Surgem as concepções de céu-pai, como o Criador ou o fecundador, e terra-mãe, como a geratriz, a que foi fecundada pelo Criador.

O fetichismo já era uma forma mais aprimorada do mediunismo tribal, com um forte colorido anímico, caracterizado pelo culto aos fetiches ou objetos materiais, em representação da Divindade ou dos Espíritos. Aparece a figura do curandeiro ou feiticeiro, sempre muito respeitada e reverenciada e, ao mesmo tempo, amada e temida pelos demais membros da tribo ou clã. Com o passar do tempo, as práticas se desdobraram em outras, atualmente conhecidas como vodu e magia negra.

Temos também o mediunismo mitológico, caracterizando-se a prática mediúnica pela presença dos mitos, com um simbolismo da criação do Universo e dos seres, assim como pela magia, por meio de práticas mediúnicas e anímicas de forte conotação ritualística. O mediunismo oracular foi aquele surgido no período da história humana considerado como início da civilização, sendo politeísta e religioso. Os deuses, os Espíritos, eram cultuados pela sociedade, faziam parte de uma sociedade hierarquizada, onde há um deus maior, Zeus, vivendo em um local determinado, como o Olimpo. Tais deuses são imortais, poderosos, mas possuem paixões típicas dos homens mortais, como o ódio, amor, rancor e compaixão.

Cada deus é responsável pelo governo de uma parte da Terra ou dos seres terrestres, constituindo os oráculos o cerne de toda a atividade humana, nada se fazendo sem consulta-los previamente. A Grécia era considerada o centro da mediunidade oracular, com o oráculo de Delfos sendo o mais famoso e representando a divindade. Os Espíritos, considerados deuses, falavam por intermédio de um médium, denominado pitonisa, sendo que se acreditava que ocupavam temporariamente o corpo desses médiuns para se manifestarem e ainda utilizavam objetos do templo, como uma estátua ou elementos da natureza.

Na Antiguidade, segundo Emmanuel, em obra anteriormente citada, a mediunidade apresenta as seguintes características: uma face externa ou exotérica, de natureza politeísta, teatral, supersticiosa, repleta de magia, destinada às manifestações públicas e uma face interna ou esotérica, de essência monoteísta, envolvendo graus de árdua iniciação que eram praticadas no interior dos templos por médiuns, magos, pitonisas, etc., genericamente denominados 'iniciados', que eram mantidos sob supervisão de sacerdotes.

Na verdade, a prática mediúnica do início dos tempos surgiu com mais ênfase não só entre os gregos, mas também entre outros povos como egípcios, hindus e judeus. Quando observamos a Bíblia, vamos constatar a mediunidade como algo natural e exuberante. O profetismo era a mediunidade que mais se destacava e foi importante para o surgimento da primeira religião conhecida: o judaísmo.

Lembremos da figura ímpar de Moises, detentor de grande mediunidade e de poderosos recursos Espirituais, tendo Deus a ele concedido a missão de trazer ao mundo os Dez Mandamentos da Lei Divina. O próprio da de Pentecostes, constante em Atos 2: 1-13, caracteriza-se como o maior feito mediúnico conhecido, marcando o início da prática mediúnica propriamente dita. Tudo acontece na época apropriada e conforme o entendimento da humanidade. O Espiritismo não criou os fenômenos mediúnicos, mas veio explica-los, retirar o véu sobre aquilo que até então era desconhecido. Considerando que as coisas vão se definindo aos poucos por meio do tempo, não se mostrando logo em sua completude, podemos dizer que todo o passado foi como uma preparação para o futuro advento do Espiritismo.

Finalizamos o tema, por oportuno, com *O Evangelho Segundo o Espiritismo*, ao firmar que todo conhecimento deve ser proporcional à inteligência daquele a quem é dirigido, pois sabemos existirem pessoas a quem uma luz muito forte ofusca sem esclarecer, de modo que a prudência a manda ocultar até que, chegado o homem a certo grau de desenvolvimento, possa procurar a luz pesando-lhe a obscuridade. Desta feira, tudo o que está oculto será um dia revelado, e que o que homem não pode ainda compreender na Terra, será sucessivamente revelado nos mundos mais avançados, quando estiver mais purificado e depurado[7].

3. Somente pelo Espiritismo se pode ter contato com os Espíritos?

De forma alguma, pois não é o Espiritismo que permite o contato com os Espíritos, ele apenas orienta, explica, educa e retira o véu até então existente acerca dos fenômenos mediúnicos. A mediunidade, como dito na pergunta anterior, sempre existiu em todas as épocas da humanidade e vai continuar existindo. A diferença é o entendimento que a Doutrina Espírita nos oferece para que este contato ocorra de forma correta e segura.

Toda a humanidade apresenta um tipo de mediunidade chamada de natural, que se processa por meio da inspiração e da intuição. Através delas, o homem é constantemente influenciado pela Espiritualidade, mesmo que disso não se dê conta.

Por meio da sintonia, os bons Espíritos inspiram-nos e intuem-nos para o bem, sustentando-nos nas provas da vida e nos ajudando a suporta-las com coragem e resignação. Os que ainda vibram em sintonia inferior, por outro lado, procuram induzir o homem ao erro e à ilicitude. Allan Kardec ensina a ser a pessoa que sente a influência dos Espíritos, em qualquer grau de intensidade, médium, sendo esta faculdade inerente ao homem e não privilégio de poucos, sendo mesmo raro pessoas que não a possuam pelo menos em estado rudimentar, razão pela qual podemos dizer sermos todos mais ou menos médiuns[8].

Frequentemente, as ideias que temos são frutos da inspiração ou intuição da Espiritualidade que nos acom-

---

[7] KARDEC, Allan. *O Evangelho Segundo o Espiritismo*. 131ª ed. Brasília: FEB, 2013, p. 292.

[8] *Id. O Livro dos Médiuns*. 71ª ed. Rio de Janeiro: FEB, 2013, p. 234.

panha e, dependendo da nossa sintonia mental e frequência vibratória, atraímos para nós Espíritos elevados ou imperfeitos.

Um exemplo de fácil entendimento quanto ao contato com os Espíritos é a prece. Quando coramos e nos conectamos a Deus, sentimos Sua presença, somos envolvidos em sentimentos de paz. Neste momento estamos sendo amparados pela Espiritualidade Amiga e, portanto, comunicando-nos com os Espíritos. E como isso acontece? Pelo pensamento e pela sintonia. *O pensamento é o laço que nos liga aos Espíritos* e é por isso que precisamos cuidar das vibrações mentais que emitimos, pois, dependendo da sua qualidade estaremos atraindo para perto de nós companhias Espirituais positivas ou negativas.

Ademais, os médiuns chamados ostensivos, aqueles que têm a faculdade mediúnica mais caracterizada e uma capacidade de perceber e de se comunicar com o Plano Espiritual mais fortemente, não existem apenas no Espiritismo, mas em todas as religiões. A compreensão e o entendimento do fenômeno fazem uma enorme diferença no processo de contato com os Espíritos, pois o que pode parecer sobrenatural para as demais Doutrinas ou religiões, ocasionando temor, fuga e até aversão, é tratado com naturalidade pelo Espiritismo, mostrando-nos que tudo faz parte da Lei Natural de Deus. Assim, o contato com os Espíritos realizado dentro do Espiritismo acontece com frequência e sem misticismo, mas não é exclusivo.

4. O que é o tríplice aspecto da Doutrina Espírita?

Antes de adentrar no mérito da nossa pergunta, trazemos uma reflexão de Herculano Pires que afirma falarem todos de Espiritismo, bem ou mal, mas que poucos o conhecem, geralmente considerando-o uma seita religiosa comum, repleta de superstições. Ressalta que muitos o encaram como uma forma de sistematizar crendices populares, havendo também os que o aceitam como nova Goécia, a magia negra da Antiguidade disfarçada de Cristianismo milagreiro. O Espiritismo, nascido em meados do século passado, é ainda hoje o Grande Desconhecido dos que o aprovam e o louvam, bem como dos que o atacam e criticam[9].

Observamos que ao tempo de Kardec, como ainda hoje aqueles que nada sabem tendem a toma-lo pelo que ele não é, mais uma religião ou seita, com seus mistérios, supostos sacerdotes dedicados a consultar na penumbra os mortos para os fins mais variados. É exatamente por isso que Kardec nos convida a estudar a Doutrina Espírita, destacando que os Espíritos precisam conhecer bem o Espiritismo, estuda-lo bem, edificar na alma os princípios filosóficos que dizem adotar e buscar continuamente o progresso Espiritual.

Nesta pergunta vamos abordar o tríplice aspecto da Doutrina Espírita, questão de suma importância para quem deseja realmente entender sobre o Espiritismo e, como dito, isso só é possível através de um estudo sério e metódico. Espiritismo é *ciência, filosofia e religião*, sendo esse o seu tríplice aspecto, pois técnicas de investigação foram usadas para comprovar a veracidade dos fenômenos Espíritas (ciência) e, com base na revelação dos resultados, foram formuladas questões de elevado teor filosófico (filosofia), verificando-se que a aplicação daquelas podem ser utilizadas na transformação moral do homem (religião).

---

9 PIRES, Herculano. *Curso Dinâmico de Espiritismo – O grande desconhecido*. São Paulo: Paideia, [2000?], p. 11.

Ciência, pelo dicionário, é o conhecimento profundo sobre alguma coisa. Conhecimento ou saber excessivo conseguido pela prática, raciocínio ou reflexão. Reunião dos saberes organizados obtidos por observação, pesquisa ou pela demonstração de certos acontecimentos, fatos, fenômenos, sendo sistematizados por métodos ou de maneira racional: as normas da ciência[10].

Espiritismo é *ciência* porque estuda, à luz da razão e dentro de critérios científicos, os fenômenos mediúnicos provocados pelos Espíritos e que não passam de fenômenos naturais e absolutamente dentro das Leis Divinas. Todos os fenômenos, mesmo os mais estranhos, têm explicação científica. Não existe o sobrenatural no Espiritismo. A Doutrina Espírita, sendo ciência de observação, estuda e analisa as relações dos Espíritos com o mundo corpóreo, como asseverou outrora Kardec na obra *O Que é o Espiritismo*, estando bem explicada e descrita em *O Livro dos Médiuns* sua metodologia de pesquisa, constando-se ter sido um modo seguro de lidar com os Espíritos em reuniões sérias.

Através dessa metodologia, que vamos conhecer mais detidamente na pergunta nº 15 do capítulo 13, "Como Allan Kardec codificou a Doutrina Espírita?", foi tirado o véu que encobria parte da percepção do mundo invisível e nos fez conhecer e entrever a imortalidade da alma comprovada pelos inúmeros fatos que a mediunidade demonstra. Kardec evocava Espíritos Superiores para questioná-los sobre temas filosóficos de grande profundidade, através dos médiuns que atuavam na Sociedade Espírita, em momento algum considerando qualquer Espírito como

[10] CIÊNCIA. In: DICIO, *Dicionário On-line de Português*. Porto: 7 graus, 2018. Disponível em: https://bit.ly/2MyArqM. Acesso em: 07 de junho de 2018.

revelador exclusivo e privilegiado, nem as teses reveladas como verdades absolutas.

Fazia comparação dos ensinamentos, tanto aqueles colhidos nas reuniões em Paris como os oriundos de correspondência de outras localidades, recebidos através de médiuns desconhecidos daqueles primeiros, sendo a Ciência Espírita apresentada como progressista, na base Kardequiana, e dialógica em relação às ciências ordinárias. Nesse sentido apontou o insigne mestre que o Espiritismo marcharia sempre com o progresso, razão pela qual jamais seria ultrapassado, pois que se novas descobertas demonstrassem estar em erro sobre um certo ponto, modificar-se-ia sobre esse ponto. Se uma nova verdade se revelasse, ele a aceitaria[11]. O aspecto científico do Espiritismo desenvolve-se em duas obras de Allan Kardec: *O Livro dos Médiuns* e *A Gênese.*

Espiritismo é *filosofia* porque analisa a Criação Divina, explicando qual a razão de Deus ter criado o homem, qual a sua origem e sua destinação, reflete sobre as causas da felicidade e infelicidade humanas. Perguntas como: '*de onde eu vim?*', '*o que faço no mundo?*', '*para onde irei depois da morte?*', são plenamente respondidas pelo Espiritismo, lembrando que toda Doutrina que dá uma interpretação da vida, uma concepção própria do mundo, e uma filosofia.

A Doutrina Espírita é uma filosofia que ensina o autoconhecimento como instrumento indispensável à evolução intelecto-moral do Espírito, tendo um profundo potencial para transformar o mundo a partir do indivíduo. *"Sua força está na sua filosofia, no apelo que dirige à razão, ao bom-senso*[12]. Portanto, o aspecto filosófico retrata os princípios e ensinamentos dos Espíritos Superiores reco-

---

[11] KARDEC, Allan. *A Gênese*. 53ª ed. Brasília: FEB, 2013, p. 41.

[12] *Id. O Livro dos Espíritos*. 53ª ed. Brasília: FEB, 2013, p. 464.

lhidos e organizados por Allan Kardec, acrescido do contributo do nobre codificador obtido em suas reflexões e estudos, estando este aspecto filosófico abordado em *O Livro dos Espíritos*.

Espiritismo é *religião* porque desencadeia, a partir da apreciação dos princípios que traz, uma moral que conduz o homem à ética do amor exemplificada pelo Divino Mestre. Recordemos que a moral pode ser vista como sinônimo de ética, como teoria dos valores que regulam a conduta humana. A Doutrina Espírita tem por objetivo a transformação moral do homem, revivendo os ensinamentos de Jesus Cristo na sua verdadeira expressão de simplicidade, pureza e amor, buscando ser uma religião simples, sem sacerdotes, cerimoniais e nem sacramentos de espécie alguma, sem rituais, culto a imagens, valas, vestes especiais e nem manifestações exteriores.

O aspecto religioso vai abordar ainda as consequências morais do comportamento humano, definido pelo uso do livre-arbítrio e governado pela lei de causa e efeito, a qual toda a humanidade está sujeita. A moral Espírita faz do homem pessoa de bem, sabendo distinguir o bem do mal e a escolher o primeiro, pois o verdadeiro homem de bem, conforme ensina *O Evangelho Segundo o Espiritismo*, "é o que cumpre a lei de justiça, amor e de caridade, na sua maior pureza[13]".

Tendo como referência essa orientação, o Espírito Emmanuel elucida podermos o Espiritismo simbolizado como um triângulo de forças Espirituais, vinculando a Ciência e a Filosofia e a Religião ao céu, como o ângulo divino. Acrescenta também que a Doutrina em seu aspecto científico e filosófico será sempre um campo nobre para as investigações humanas, visando o aperfei-

[13] *Id. O Evangelho Segundo do Espiritismo*. 131ª ed. Brasília: FEB, 2013, p. 232.

çoamento da humanidade, mas que no aspecto religioso, todavia, repousa a sua grandeza divina por constituir a restauração do Evangelho de Jesus Cristo, promovendo a renovação Espiritual definitiva do homem[14]. O aspecto religioso da Doutrina Espírita é desenvolvido por Allan Kardec nas obras básicas *O Evangelho Segundo o Espiritismo* e *O Céu e o Inferno.*

5. Quais os princípios fundamentais do Espiritismo?

Allan Kardec, na parte introdutória de *O Livro dos Espíritos*, resume em 35 itens os pontos principais da Doutrina Espírita. Contudo, antes de trazermos as observações de Kardec e, para auxiliar nossa compreensão, reunimos os princípios fundamentais em cinco: *1. Existência de Deus; 2. Imortalidade da alma; 3. Pluralidade das existências; 4. Pluralidade dos mundos habitados e; 5. Comunicabilidade dos Espíritos.*

A existência de Deus é a base do Espiritismo, sua pedra angular, sendo Deus a inteligência suprema, causa primária de todas as coisas. Deus é eterno, imutável, imaterial, único, onipotente, soberanamente justo e bom, criou o Universo, que abrange todos os seres animados e inanimados, materiais e imateriais. No capítulo 3 estudaremos mais detalhadamente sobre Deus, cabendo agora tão-somente informar terem os Espíritos dito encontrarem-se as provas da existência de Deus num axioma que aplicamos às nossas ciências, que é de não haver efeito sem causa, de modo que procurando a causa de tudo o que não é obra do homem, nossa razão nos responderá ter sido Deus[15].

---

[14] XAVIER, Francisco Cândido. *O Consolador*, pelo Espírito Emmanuel. [s.l]: FEB, [2010?], p. 9.

[15] KARDEC, Allan. *O Livro dos Espíritos*. 93ª ed. Brasília: FEB, 2013, questão 4, p. 56.

A imortalidade da alma nos mostra que somos Espíritos imortais, nascidos simples e ignorantes, com aptidão para o bem e para o mal, com destinação à perfeição e à felicidade. Antes de sermos seres humanos encarnados em um corpo físico, somos filhos de Deus, pois o Espírito é o princípio inteligente do Universo e, entre as diferentes espécies de seres corpóreos, Deus escolheu a espécie humana para a encarnação dos Espíritos.

Assim, os Espíritos revestem temporariamente um invólucro material perecível que se destrói pela morte do corpo físico e, quando o Espírito está na vida do corpo, dizemos que é uma alma ou Espírito encarnado. Quando morre, contudo, dizemos que desencarnou, momento em que retorna ao Plano Espiritual ou Espiritualidade de onde veio, continuando o processo de ascensão Espiritual.

Há no homem três coisas: o *corpo* ou ser material; a *alma* ou ser imaterial (Espírito encarnado no corpo) e o *perispírito* ou envoltório semimaterial, o laço que prende o corpo ao Espírito (elemento intermediário), não sendo os Espíritos iguais nem em poder, nem em inteligência e nem em saber ou moralidade, havendo vários graus de evolução entre eles.

Didaticamente, Kardec dividiu os Espíritos em três ordens: Primeira Ordem (ou Puros) são os superiores, distinguem-se por sua perfeição, conhecimentos e proximidade com Deus (são os chamados anjos); Segunda Ordem são os bons Espíritos nos quais o bem é o sentimento predominante e; Terceira Ordem, Espíritos imperfeitos em que o mal ainda é o sentimento maior, achando-se mais distantes da perfeição e contaminados de paixões como a inveja, o ódio, o ciúme, o orgulho etc. A pluralidade das existências mostra-nos que a alma progride e se depura submetendo-se à prova de uma nova existência, ao que chamamos de reencarnação. Todos nós teremos muitas existências e o objetivo da reencarnação é a expiação e o melhoramento progressivo da humanidade, pois sem isso, onde estaria a justiça? A reencarnação, portanto, permite ao Espírito viver várias existências no mundo, crescendo e tornando-se um ser humano melhor intelectual e moralmente e aproximando-se cada vez mais das Leis de Deus.

Muito provavelmente grande parte das nossas lutas e sofrimentos diários decorrem de equívocos perpetrados por nós em vidas passadas e agora estamos tendo a sublime oportunidade de resgata-los em cumprimento à lei de causa e efeito. A reencarnação é, portanto, mecanismo da Justiça Divina, não premiando ou castigando ninguém, sendo cada um responsável pelos frutos colhidos, sejam eles bons ou maus.

A pluralidade dos mundos habitados afirma que a encarnação e a reencarnação dos Espíritos podem dar-se na Terra e em outros mundos, de modo que acreditar na exclusividade da Terra seria duvidas da sabedoria de Deus que nada faz de inútil. Quando Jesus disse "*não se turbe o vosso coração, credes em Deus, credes também em mim. Há muitas moradas na casa de meu Pai*" ensinava-nos sobre a pluralidade dos mundos habitados. A Casa do Pai é o Universo e as diferentes moradas são os mundos que circulam no espaço infinito, oferecendo ao Espírito mundos correspondentes aos eu adiantamento.

Os seres vivos evoluem moralmente, os mundos materialmente, pois nada permanece estacionário na Natureza, podendo os mundos, quanto à evolução, serem primitivos, de expiações e provas, de regeneração, felizes e, por fim, celestes, que é a morada dos Espíritos puros. A Terra é um mundo de categoria moral inferior, mundo de provas e expiações em virtude do seu panorama lamentável ainda repleto de desamor e egoísmo, mas que está em período de transição, passando para mundo de regeneração. No tocando à comunicabilidade dos Espíritos, sabemos que estes constituem uma das potências da natureza, atuando sobre a matéria e sobre o pensamento, exercendo ação sobre o mundo físico e moral. São eles a causa de uma séria de fenômenos até então inexplicáveis ou explicados de modo equivocado, os quais só encontram explicação racional no Espiritismo.

As relações dos Espíritos com os homens são constantes, os bons nos atraem para o bem e os ainda imperfeitos nos impelem para o erro. E como se dá isso? Através do nosso pensamento e da nossa sintonia, sendo o pensamento o laço que nos liga aos Espíritos e, portanto, dependendo das nossas emanações metais e das nossas ações, atrairemos para perto companhias Espirituais positivas ou negativas. As comunicações dos Espíritos com os homens podem ser ocultas, sem que nem mesmo nos apercebamos, por meio da intuição ou da inspiração ou, ostensivas, quando bem caracterizadas, podendo ainda manifestarem-se espontaneamente ou mediante evocação.

Os Espíritos Superiores apresentam-se em reuniões sérias onde predominam o amor, o bem e o desejo sincero de se melhorar, usando sempre de linguagem nobre, digna e de elevada moral. Já os Espíritos ainda em vibração inferior, fazem-se constantemente presente entre pessoas frívolas, motivas unicamente pela curiosidade e onde existem mais instintos, sendo sua linguagem trivial e grosseira.

Os Espíritos Superiores ensinam que no mundo dos Espíritos, nada podendo estar oculto, o hipócrita é desmascarado; aos estados de superioridade e inferioridade dos Espíritos, correspondem penas e gozos desconhecidos na Terra; ensinam também não haver faltas irremissíveis que a expiação não possa pagar e que os meios para o progresso são as diferentes existências que permitem ao homem avançar conforme seus desejos e esforços.

Após uma ideia geral acerca dos princípios fundamentais da Doutrina Espírita, trazemos os pontos elencados por Allan Kardec[16] para resumir a Doutrina Espírita:

> 1. Deus é eterno, imutável imaterial, único, onipotente, soberanamente justo e bom.
>
> 2. Criou o Universo, que abrange todos os seres animados e inanimados, materiais e imateriais.
>
> 3. Os seres materiais constituem o mundo visível ou corpóreo, e os seres imateriais, o mundo invisível ou Espírita, isto é, dos Espíritos.
>
> 4. O mundo Espírita é o mundo normal, primitivo, eterno, preexistente e sobrevivente a tudo.
>
> 5. O mundo corporal é secundário; poderia deixar de existir, ou não ter jamais existido, sem que por isso se alterasse a essência do mundo Espírita.
>
> 6. Os Espíritos revestem temporariamente um invólucro material perecível, cuja destruição pela morte lhes restitui a liberdade.
>
> 7. Entre as diferentes espécies de seres corpóreos, Deus escolheu a espécie humana para a encarnação dos Espíritos que chegaram a certo grau de desenvolvimento, dando-lhe superioridade moral e intelectual sobre as outras.
>
> 8. A alma é um Espírito encarnado, sendo o corpo apenas o seu envoltório.

[16] KARDEC, Allan. *O Livro dos Espíritos*. 93ª ed. Brasília: FEB, 2013, p. 23.

9. Há no homem três coisas: 1º o corpo ou ser material análogo aos animais e animado pelo mesmo princípio vital; 2º a alma ou ser imaterial, Espírito encarnado no corpo; 3º o lado que prende a alma ao corpo, princípio intermediário entre a matéria e o Espírito.

10. Tem assim o homem duas naturezas: pelo corpo participa da natureza dos animais, cujos instintos lhe são comuns. Pela alma, participa da natureza dos Espíritos.

11. O laço ou perispírito, que prende ao corpo o Espírito, é uma espécie de envoltório semimaterial. A morte é a destruição do invólucro mais grosseiro. O Espírito conserva o segundo, que lhe constitui um corpo etéreo, invisível para nós no estado normal, porém pode tornar-se acidentalmente visível e mesmo tangível, como sucede no fenômeno das aparições.

12. O Espírito não é, pois, um ser abstrato, indefinido, só possível de conceber-se pelo pensamento. É um ser real, circunscrito, que, em certos casos, se torna apreciável pela vista, pelo ouvido ou pelo tato.

13. Os Espíritos pertencem a diferentes classes e não são iguais, nem em poder, nem em inteligência, nem sem saber, nem em moralidade. Os da primeira ordem são os Espíritos Superiores que se distinguem dos outros pela sua perfeição, seus conhecimentos, sua proximidade de Deus, pela pureza de seus sentimentos e por seu amor do bem: são os anjos ou puros Espíritos. Os das outras classes se acham cada vez mais distanciados dessa perfeição, mostrando-se os das categorias inferiores, na sua maioria, eivados das nossas paixões: o ódio, a inveja, o orgulho,

etc. Comprazem-se no mal. Há também, entre os inferiores, os que não são nem muito bons nem muito maus, antes perturbadores e enredadores, do que perversos. A malícia e as inconsequências parecem ser o que neles predomina. São os Espíritos estúrdios ou levianos.

14. Os Espíritos não ocupam perpetuamente a mesma categoria. Todos se melhoram passando pelos diferentes graus da hierarquia Espírita. Esta melhora se efetua por meio da encarnação, que é imposta a uns como expiação, a outros como missão. A vida material é uma prova que lhes cumpre sofrer repetidamente, até que hajam atingido a absoluta perfeição moral.

15. Deixando o corpo, a alma volve ao mundo dos Espíritos, donde saíra, para passar por nova existência material, após um lapso de tempo mais ou menos longo, durante o qual permanece em estado de Espírito errante.

16. Tendo o Espírito que passar por muitas encarnações, segue-se que todos nós temos tido muitas existências e que teremos ainda outras, mais ou menos aperfeiçoadas, quer na Terra, quer em outros mundos.

17. A encarnação dos Espíritos se dá sempre na espécie humana; seria erro acreditar-se que a alma ou Espírito possa encarnar no corpo de um animal.

18. As diferentes existências corpóreas do Espírito são sempre progressivas e nunca regressivas. Mas a rapidez do seu progresso depende dos esforços que se faça para chegar à perfeição.

19. As qualidades da alma ao as do Espírito que está encarnado em nós; assim, o homem de bem

é a encarnação de um bom Espírito, o homem perverso a de um Espírito impuro.

20. A alma possuía sua individualidade antes de encarnar; conserva-a depois de se haver separado do corpo.

21. Na sua volta ao mundo dos Espíritos, encontra ela todos aqueles que conhecera na Terra, e todas as suas existências anteriores se lhe desenham na memória, com a lembrança de todo bem e de todo mal que fez.

22. O Espírito encarnado se acha sob a influência da matéria; o homem que vence esta influência, pela elevação e depuração de sua alma, se aproxima dos bons Espíritos, em cuja companhia um dia estará. Aquele que se deixa dominar pelas más paixões, e põe todas as suas alegrias na satisfação dos apetites grosseiros, se aproxima dos Espíritos impuros, dando preponderância à sua natureza animal.

23. Os Espíritos encarnados habitam os diferentes globos do Universo.

24. Os não encarnados ou errantes não ocupam uma região determinada e circunscrita; estão por toda parte do espaço e ao nosso lado, vendo-nos e acotovelando-nos de contínuo. É toda uma população invisível, a mover-se em torno de nós.

25. Os Espíritos exercem incessante ação sobre o mundo moral e mesmo sobre o mundo físico. Atuam sobre a matéria e sobre o pensamento e constituem uma das potências da natureza, causa eficiente de uma multidão de fenômenos até então inexplicados ou mal explicados e que não encontram explicação racional senão no Espiritismo.

26. As relações dos Espíritos com os homens são constantes. Os bons Espíritos nos atraem para o bem, nos sustentam nas provas da vida e nos ajudam suporta-las com coragem e resignação. Os maus nos impelem para o mal: é-lhes um gozo ver-nos sucumbir e assemelhar-nos a eles.

27. As comunicações dos Espíritos com os homens são ocultas ou ostensivas. As ocultas se verificam pela influência boa ou má que exercem sobre nós, à nossa revelia. Cabe ao nosso juízo discernir as boas das más inspirações. As comunicações ostensivas se dão por meio da escrita, da palavra ou de outras manifestações materiais, quase sempre pelos médiuns que lhes servem de instrumentos.

28. Os Espíritos se manifestam espontaneamente ou mediante evocação.

29. Podem evocar-se todos os Espíritos: os que animaram homens obscuros, como os das personagens mais ilustres, seja qual for a época em que tenham vivido; os de nossos parentes, amigos ou inimigos e, obter-se deles, por comunicações escritas ou verbais, conselhos, informações sobre a situação em que se encontram no Além, sobre o que pensam a nosso respeito, assim como as revelações que lhes sejam permitidas fazer-nos.

30. Os Espíritos são atraídos na razão da simpatia que lhes inspire a natureza moral do meio que os evoca. Os Espíritos Superiores se comprazem nas reuniões sérias, onde predominam o amor do bem e o desejo sincero, por parte dos que as compõem, de se instruírem e melhorarem. A presença deles afasta os Espíritos inferiores que, inversamente, encontram livre acesso e podem

obrar com toda a liberdade entre pessoas frívolas ou impelidas unicamente pela curiosidade e onde quer que existam maus instintos. Longe de se obterem bons conselhos ou informações úteis, deles só se devem esperar futilidades, mentiras, gracejos de mau gosto ou mistificações, pois que muitas vezes tomam nomes venerados, a fim de melhor induzirem ao erro.

31. Distinguir os bons dos maus Espíritos é extremamente fácil. Os Espíritos Superiores usam constantemente de linguagem digna, nobre, repassada da mais alta moralidade, escoimada de qualquer paixão inferior; a mais pura sabedoria lhes transparece dos conselhos que objetivam sempre o nosso melhoramento e o bem da Humanidade. A dos Espíritos inferiores, ao contrário é inconsequente, amiúde, trivial e até grosseira. Se, por vezes, dizem alguma coisa boa e verdadeira, muito mais vezes dizem falsidades e absurdos, por malícia ou ignorância. Zombam da credulidade dos homens e se divertem à custa dos que os interrogam, lisonjeando-lhes a vaidade, alimentando-lhes os desejos com falazes esperanças. Em resumo, as comunicações sérias, na mais ampla acepção do termo, só são dadas nos centros sérios, onde reine íntima comunhão de pensamentos, tendo em vista o bem.

32, A moral dos Espíritos Superiores se resume, como a do Cristo, nesta máxima evangélica: Fazer aos outros o que quereríamos que os outros nos fizessem, isto é, fazer o bem e não o mal. Neste princípio encontra o homem uma regra universal de proceder, mesmo para as suas menores ações.

33. Ensinam-nos que o egoísmo, o orgulho e a sensualidade são paixões que nos aproximam da natureza animal, prendendo-nos à matéria;

que o homem que, já neste mundo, se desliga da matéria, desprezando as futilidades mundanas e amando o próximo, se avizinha da natureza Espiritual. Que cada um deve tornar-se útil, de acordo com as faculdades e os meios que Deus lhe pôs nas mãos para experimenta-lo; que o *forte* e o *poderoso* devem amparo e proteção ao *fraco*, porquanto transgride a Lei de Deus aquele que abusa da força e do poder para oprimir o seu semelhante. Ensinam, finalmente, que, no mundo dos Espíritos, nada podendo estar oculto, o hipócrita é desmascarado e patenteadas todas as suas torpezas; que a presença inevitável, e de todos os instantes, daqueles para com quem houvermos procedido mal constitui um dos castigos que nos estão reservados; que ao estado de inferioridade e superioridade dos Espíritos correspondem penas e gozos desconhecidos na Terra.

34. Mas, ensinam também não haver faltas irremissíveis, que a expiação não possa apagar. Meio de consegui-lo encontra o homem nas diferentes existências que lhe permitem avançar, conformemente aos seus desejos e esforços, na senda do progresso, para a perfeição, que é o seu destino final.

Este é o resumo da Doutrina Espírita, como resultado dos ensinamentos dados pelos Espíritos Superiores.

6. O que foi o fenômeno de Hydesville?

Sabemos que os fatos Espíritas existiram desde todos os tempos, mas os Espíritas ingleses e americanos costumam indicar como data inicial do movimento Espírita moderno o dia 31 de março de 1848, que assinala o episódio mediúnico na aldeia de Hydesville, Condado de Wayne, No Estado de Nova Iorque.

Em 11 de dezembro de 1847, passou a residir numa cabana simples e humilde de Hydesville e a família protestante Fox, composta do pai, John Fox, sua mulher Margareth e as filhas menores Margareth, de 14 anos, e Catherine (Kate Fox), de 11 anos. A família tinhas outros filhos que com eles não residiam, como a filha Leah, que à época ensinava música em Rochester e que apresentou posteriormente a mesma faculdade das irmãs Kate e Margareth, embora em menor grau. A cabana na qual moravam, antes deles, era ocupada pelos esposos Bell e sua criada Lucretia Pulver.

Num primeiro momento os Fox não sentiram nada de estranho na casa, contudo nos primeiros meses de 1848, ruídos insólitos começaram a se manifestar, incomodando os inquilinos. Eram batidas leves, sons que pareciam arranhões nas paredes, assoalhos e móveis, os quais poderiam ser naturalmente confundidos com sons naturais emitidos pelo vento, estalos da madeira e ratos. Tais ruídos foram aumentando de intensidade, as camas e se moviam a tal ponto que as filhas se recusaram a dormir sozinhas no seu quarto, passando a dormir com os pais. No início não acreditavam que os barulhos pudessem ser consequência de uma causa "sobrenatural", buscavam encontrar as causas mais comuns que pudessem justificar o fenômeno, mas foi em vão.

Na noite de 31 de março de 1848, quando os sonhos se tornaram muito fortes, deu-se o episódio que ficou conhecido como o início do Espiritismo. Kate Fox, em sua ingenuidade natural de criança, teve a ideia de desafiar a 'força invisível' a repetir, com as batidas, as almas que ela dava com as mãos. A resposta não se fez esperar, a cada palma de mão, um golpe era ouvido logo a seguir, provando que a origem dos sons era uma inteligência incorpórea.

Chegaram à conclusão de que aquela força podia ver e ouvir, pois até quando a filha dobrava o dedo sem fazer barulho o arranhão respondia corretamente com o número de batidas correspondente à numeração feita com os dedos. Descobriu-se que as batidas partiam do Espírito de um mascate, de nome Charles Rosma, que fora assinado e sepultado no porão da casa da família Foz pelos antigos inquilinos, os Bell, por conta de quinhentos dólares, tendo sido assassinado com um golpe de faca na garganta. Para permitir uma melhor comunicação entre as médiuns e o Espírito do mascate, um dos presentes, o Sr. Isaac Post, teve a ideia de determinar para cada letra do alfabeto, um número de batidas correspondente, iniciando o que chamamos de telegrafia Espiritual.

Vale transcrever alguns trechos do depoimento da Sra. Margareth Fox, contados por Sir Arthur Conan Doyle, na obra *História do Espiritismo*[17].

> Na noite de sexta-feira, 31 de março de 1848, resolvemos ir para a cama um pouco mais cedo e não nos deixamos perturbar pelos barulhos; íamos ter uma noite de repouso. Meu marido que aqui estava em todas as ocasiões, ouviu os ruídos e ajudou a pesquisar. Naquela noite fomos cedo para a cama, apenas escurecera. Achava-me tal alquebrada e com falta de repouso que quase me sentia doente. Meu marido não tinha ido para a cama quando ouvimos o primeiro ruído naquela noite. Eu apenas me havia deitado. A coisa começou como de costume. Eu distinguia de qualquer outro ruído jamais ouvido. As meninas, que dormiam em outra cama no quarto, ouviram as batidas e procuraram fazer ruídos semelhantes, estalando os dedos.

[17] DOYLE, Arthur Conan. *História do Espiritismo*. (s.l): L. Neilmoris, 2008, p. 55.

E continua a mãe, em seu depoimento:

> Minha filha menor, Kate, disse, batendo palmas: "Senhor Pé Rachado, faça o que eu faço". Imediatamente seguiu-se o som, com o mesmo número de palmadas. Quando ela parou, o som logo parou. Então Margareth disse brincando: "Agora faça exatamente como eu. Conte um, dois, três, quatro" e bateu palmas. Então os ruídos se produziram como antes. Ela teve medo de repetir o ensaio. Então Kate disse, na simplicidade infantil: "Oh! Mamãe! Eu já sei o que é. Amanhã é primeiro de abril e alguém quer nos pregar uma mentira. [...] então pensei em fazer um teste que ninguém seria capaz de responder. Pedi que fossem indicadas as idades de meus filhos, sucessivamente. Instantaneamente foi dada a exata idade de cada um, fazendo pausa de um para outro, a fim de separar, até o sétimo, depois do que se fez uma pausa maior e três batidas mais fortes foram dadas, correspondendo a idade do menor, que havia morrido.

Então perguntou a Sra. Margareth:

> É um ser humano que responde tão corretamente? Não houve resposta. Perguntei: É um Espírito? Se for, dê duas batidas. Duas batidas foram ouvidas assim que fiz o pedido. Então eu disse: Se for um Espírito assassinado dê duas batidas. Essas foram dadas instantaneamente, produzindo um tremor na casa. Perguntei: Foi assassinado nesta casa? A resposta foi como a precedente. A pessoa que o assassinou ainda vive? Resposta idêntica, por duas batidas. Pelo mesmo processo verifiquei que fora um homem que assassinaram nesta casa e seus despojos enterrados na adega; que a família era constituída de esposa e cinco filhos, dois rapazes e três meninas, todos vivos ao tempo de sua morte, mas que depois a esposa morrera. Então perguntei: Continuará a

bater se chamarmos os vizinhos para que também escutem? A resposta foi afirmativa e alta.

No verão de 1848 escavaram a adega e encontraram tábuas, cal, cabelos humanos, utensílios do mascate e alguns ossos humanos, contudo material ainda insuficiente para uma eventual condenação. Cinquenta e seis anos mais tarde, em 1904, um jornal de Boston noticiava que o esqueleto do homem que se supunha ter produzido ruídos ouvidos pelas irmãs Fox, em 1848, havia sido encontrado na casa ocupada pela família e que, sem dúvida, comprovava a sinceridade na descoberta da comunicação dos Espíritos.

Vários outros fenômenos ocorreram na família do Diácono Hale, de Greece, cidade vizinha de Rochester e em outras famílias de outras idades, deixando evidente que não estavam ligados somente às meninas Fox. Como outras provas do crime tem-se o depoimento de Lucretia Pulver, que serviu como empregada de Mr. Mrs. Bell, ocupantes da casa quatro anos antes, informando ela que o mascate veio para a casa e ali passou a noite com as suas mercadorias, dizendo seus patrões que naquela noite podia ir para casa, afirmando:

> Eu queria comprar apenas umas coisas do mascate, mas não tinha dinheiro comigo; ele disse que me procuraria em nossa casa na manhã seguinte e mas (*sic*) venderia. Nunca mais o vi.... Uma noite, cerca de uma semana depois, Mrs. Rell (*sic*) me perguntou porque havia gritado e eu lhe disse. Riu-se de meu susto e disse que só ali é que os ratos tinham cavado o chão. Poucos dias depois Mr. Rell (*sic*) carregou uma porção de entulho para a adega, exatamente à noite, e lá esteve trabalhando

> por algum tempo. Mrs. Rell (*sic*) me disse que estava tapando os buracos dos ratos[18].

Muitas vezes levantou-se a questão: qual o objetivo de tão estranho movimento naquela época especial? A resposta foi dada em duas ocasiões diferentes, em dois anos diversos e através de médiuns diversos. Em ambos os casos a resposta foi idêntica. A primeira dizia: "É para conduzir a humanidade em harmonia e para convencer os cépticos da imortalidade da alma"; e a segunda: "É para unir a humanidade e convencer as mentes cépticas da imortalidade da alma[19]".

O barracão original de Hydesville, no qual residiram as irmãs Fox, foi preservado e transferido por Benjamin F. Bartlett, em maio de 1916, para Lily Dale, a sede central regional dos Espíritas americanos, em Nova Iorque. Todavia, em 12 de setembro de 1955 foi destruído em um incêndio. No local foi construído um jardim para meditação e um obelisco em memória à família Fox. Hoje, os restos do casebre dos Fox, os ossos e o baú de ferro acham-se no museu, como registro do nascimento de uma nova história para a humanidade.

Durante alguns anos as irmãs Kate e Margareth Fox fizeram sessões em Nova Iorque e em outros lugares. Contudo, acabara envolvidas com o vício do álcool e em caminhos degenerativos da mente e do caráter, mais por serem imaturas e inexperientes que ruins. Infelizmente não souberam perceber que o contato com os Espíritos deveria ocorrer de maneira séria, com objetivos sadios e sem interesse material.

---

[18] DOYLE, Arthur Conan. *História do Espiritismo*. [s.l.]: L. Neilmoris, 2008, p. 60.

[19] DOYLE, Arthur Conan. *História do Espiritismo*. O Episódio de Kydesville, p. 85. E-book. Disponível em: https: / / www.limiarespirita.comlbr.br / livros / histpria.pdf. Acesso em: 17 de novembro de 2021.

A irmã Leah, ao que parece, tomando conhecimento da tendência ao alcoolismo das irmãs, teria intervindo mais fortemente, havendo entre elas forte discussão, o que gerou ressentimento por parte de Kate e Margareth. Além de Leah, também teriam sido advertidas por alguns Espíritas, chegando-se a sugerir que os dois filhos de Kate fossem dela separados.

Por volta de 1888 estiveram envolvidas com ganhos monetários advindos de apresentações Espíritas. Já debilitadas pelo alcoolismo, chegaram inclusive a alegar que os fenômenos não eram verdadeiros, numa tentativa de ferir a irmã Leah e todos os confrades Espíritas. Mais tarde arrependeram-se por ter caluniado o Espiritismo, readmitindo a veracidade dos efeitos.

Uma entrevista de Margareth Foz foi publicada na imprensa de Nova Iorque em 20 de novembro de 1889, cerca de ano depois do escândalo, asseverando:

> "Praza a Deus", - disse com uma voz trêmula de intensa excitação - "que eu possa desfazer a injustiça que fiz à causa do Espiritismo quando, sob intensa influência psicológica de pessoas inimigas dele, fiz declarações que não se baseiam nos fatos. Esta retratação e negação não parte apenas do meu próprio senso daquilo que é direito, como também do silencioso impulso dos Espíritos que usam o meu organismo, a despeito da hostilidade da horda traidora que prometeu riqueza e felicidade em troca de um ataque ao Espiritismo, e cujas esperançosas promessas foram tão falazes... Muito antes que falasse a quem quer que fosse sobre esse assunto, estava sendo incessantemente advertida por meu Espírito-Guia daquilo que devia fazer; por fim cheguei à conclusão de que era inútil contrariar as suas recomendações...[20]".

[20] HISTÓRIA do Espiritismo. *A Carreira das Irmãs Fox*. Disponível em: https://bit.ly.2wnGEuN. Acesso em: 08 de junho de 2018.

A mediunidade das irmãs Fox era essencialmente de batidas, por vezes muito fortes, de luzes Espirituais, de escrita direta, da aparência de mãos materializadas e, algumas vezes, de transporte. O professor Willian Crookes, físico inglês, fez um inquérito sobre os poderes da médium (Kate Fox) e publicou uma sincera declaração (únicas pessoas presentes eram ele, sua senhora, uma parenta e Miss Fox), destacando que segurava as duas mãos da médium, enquanto seus pés estavam sobre os dele, havendo papel na mesa e um lápis na mão livre do professor. Afirma que uma luminosa mão desceu do alto da sala, oscilou perto dele por alguns segundos, tomou o lápis da sua mão e escreveu rapidamente na folha de papel, após o que a mão ergueu-se sobre as cabeças e foi se dissolvendo gradativamente na escuridão[21].

As três irmãs Fox desencarnaram no início do último decêndio do século XIX. Kate em 1892, Leah em 1890 e Margareth em 1893. Por suas histórias podemos verificar que o médium não evangelizado e não educado para servir no bem ao próximo, sem interesse e com humildade, geralmente se atrapalha em suas próprias inferioridades, motivo pelo qual as pessoas e o médium, mais fortemente, precisam estudar e compreender a mediunidade para melhor desenvolverem as faculdades, realizando assim um trabalho mais eficiente em benefício da divulgação da Doutrina Espírita e da vida vivência do Evangelho de Jesus.

7. O que foi o fenômeno das mesas girantes?

Foi um fenômeno que se propagou rapidamente na Europa e em outras partes do mundo, no qual as mesas

[21] FEDERAÇÃO ESPÍRITA DO PARANÁ. *Irmãs Fox*. Disponível: https://bit.ly/2Nd9rk0, Acesso em: 08 de junho de 2018.

giravam com os participantes sentados ao redor. Os interessados no fenômeno colocavam as mãos sobre as mesas e esperavam que elas se movimentassem, as mesas girantes não se limitavam a levantar sobre um pé para responder perguntas, mas se moviam em todos os sentidos, giravam sob a mão dos pesquisadores e, às vezes, elevavam-se no ar. Nos anos de 1853 a 1855 constituíram verdadeiro passatempo, sendo quase diversão obrigatória nas reuniões sociais. Segundo o padre Ventura de Raulica, as mesas girantes foram "o maior acontecimento do século[22]". A princípio quase só encontrou incredulidade, acreditavam que ali existisse uma causa puramente física, a eletricidade, porém a multiplicidade das experiências não mais permitiu dúvidas, a impulsão dada aos objetos era apenas o resultado de uma força mecânica cega, havia intervenção de uma *causa inteligente*.

Em sua obra *As Mesas Girantes e o Espiritismo*, Zeus Wantuil esclarece que em 1852, professores da Universidade de Harvard, depois de várias experiências realizadas com o mais escrupuloso cuidado, publicaram um Manifesto célebre apoiando a autenticidade dos movimentos e elevação da mesa, sem que para isso existisse a interferência de qualquer agente físico conhecido. Viramse, em verdade, obrigados a reconhecer que ali havia a manifestação constante de uma força inteligente que parecia ser independente das pessoas vivas[23].

O professor, ao ouvir falar das mesas girantes, num primeiro momento não acreditou ser possível e disse que só acreditaria quando tivessem provado ser possível uma mesa ter cérebro para pensar, nervos para sentir e que possa tonar sonâmbula, vendo no fato, de início, apenas

---

[22] O CONSOLADOR. *Os fenômenos de Hydesville e as mesas girantes*. Disponível em: https://bit.ly/2odE9l6. Acesso em: 09 de junho de 2018.

[23] WANTUIL, Zeus. *As mesas girantes e o Espiritismo*. Rio de Janeiro: FEB, [2005?], p. 11.

uma história para provocar sono[24]. Contudo, depois de assistir à manifestação das mesas girantes, em maio de 1855, dedicou-se a estudar com seriedade os fenômenos, resultando na elaboração da Doutrina Espírita.

A precisão das respostas e a correlação que denotavam com as perguntas causaram espanto. O ser misterioso, interrogado sobre a sua natureza, declarou que era Espírito ou Gênio, declinou um nome e prestou diversas informações a seu respeito. *Ninguém imaginou os Espíritos como meio de explicar o fenômeno, foi o próprio fenômeno que revelou a palavra*. Muitas vezes, em se tratando das ciências exatas, formulam-se hipóteses para dar uma base ao raciocínio, mas não foi o que aconteceu nesta situação.

Um fato também interessante era que o meio de correspondência era demorado e incômodo, pois alguém dizia em voz alta o alfabeto e o Espírito indicava as letras através de pancadas no momento em que fossem pronunciadas que reunidas, formavam palavras e posteriormente frases. O Espírito, e isto constitui nova circunstância digna de nota, indicou outro, aconselhando a adaptação de um lápis a uma cesta ou a outro objeto, sendo o conselho dado simultaneamente na América, na França e em outros países. A título de exemplificação, trazemos o conselho dado em Paris, dia 10 de junho de 1853, a um dos mais dedicados e fervorosos adeptos do Espiritismo que dizia: "vai buscar, no aposento ao lado, a cestinha; amarra-lhe um lápis, coloca-a sobre o papel; põe-lhe teus dedos sobre a borda[25]".

Os objetos não passam de meros instrumentos, sendo completamente indiferentes a natureza e a forma, pois são considerados apenas um apêndice da mão, e só podiam

[24] KARDEC, Allan. *Obras Póstumas*. Rio de Janeiro: FEB, 2005, p. 323.

[25] *Id. O Livro dos Espíritos*. Brasília: FEB, 2013, p. 26.

ser postas em movimento sob a influência dos médiuns, que são pessoas dotadas de uma capacidade especial. São meios ou intermediários entre os Espíritos e os homens. As manifestações vistas nas mesas girantes chamam-se manifestações físicas, pois se traduzem por efeitos sensíveis, como os ruídos, o movimento e a deslocação de corpos sólidos, sendo umas espontâneas, independentes da vontade humana, e outras provocadas, produzindo-se esses efeitos igualmente sobre todos os outros objetos.

A grande finalidade destas manifestações é chamar a atenção da incredulidade humana para a existência dos Espíritos, mas também pode ser um aviso e até mesmo um pedido de ajuda.

Os médiuns gozam de uma força mais ou menos grande, assim como os efeitos, podendo, dependendo da sua potência, fazerem mesas girarem e se moverem, elevarem-se, tombarem, darem salto, girarem com violência, darem golpes na textura do objeto, etc. cabe destacar independer tal fato da forma da mesa, da substância que é feita, do dia, da hora, do tempo, pois apenas o volume importa, no caso da força medianímica do médium ser insuficiente para vencer a resistência.

Durante esses fenômenos, o Espírito combina uma parte do fluido universal[26] animalizado liberado pelo médium, pois pela sua natureza etérea, não pode agir o Espírito sobre a matéria grosseira sem a ajuda do intermediário, que é o médium de efeitos físicos. Com isso, o Espírito anima a matéria de uma vida fictícia, satura-a com o fluido temporariamente, que obedece ao impulso da inteligência.

[26] Sobre o fluido universal, vamos estudar mais detalhadamente nas perguntas constantes do capítulo 4.

Sabendo da importância do médium, cabe mencionar alguns aspectos. Primeiro, no modo pelo qual a cesta se move sob a influência do médium, demonstrando a *impossibilidade de o médium imprimir uma direção qualquer*, sobretudo, quando duas ou três pessoas colocam juntamente as mãos sob a cesta ou outro objeto, já que nesta situação precisaria haver uma concordância verdadeiramente fenomenal de movimentos e, mais ainda, de pensamentos. Segundo fato, não menos admirável e que vem aumentar a dificuldade, é a *mudança radical da caligrafia* conforme o Espírito que se manifesta. Terceiro aspecto e que resulta da *natureza mesma das respostas*, era que, quase sempre e especialmente quando se ventilavam questões abstratas e científicas, as respostas estavam notoriamente fora do campo dos conhecimentos e, com frequência, do alcance intelectual do médium. Quarto, era o fato de, não raro, acontecer de *a cesta escrever espontaneamente*, sem pergunta alguma, sobre um assunto qualquer, inesperado, revelando em certos casos tanta sabedoria que não poderiam emanar senão de uma *Inteligência Superior*, outras vezes eram tão levianas e frívolas que a razão se recusava a admitir derivarem da mesma fonte.

Questionando-se qual a importância dos fenômenos de Hydesville e das mesas girantes para o surgimento do Espiritismo, o escritor inglês Arthur Conan Doyle disse ter disso a de uma *invasão organizada*[27] pela Espiritualidade Superior, despertando consciências com vistas à chegada de uma Era Nova para a humanidade.

[27] DOYLE, Arthur Conan. *História do Espiritismo*. [s.l.], L. Neilmoris, 2008, p. 12.

Capítulo II

O Espiritismo e Outras Religiões

8. Por que o Espiritismo é considerado o Consolador Prometido por Jesus?

Para que possamos compreender bem e corretamente esta pergunta, vamos lembrar o que disse Jesus no Evangelho de João:

> Se me amais, guardai os meus mandamentos. E eu rogarei ao Pai, e eles vos dará outro Consolador, para que fique convosco para sempre O Espírito de Verdade, que o mundo não pode receber, porque não o vê nem o conhece, mas vós o conheceis, porque habita convosco, e estará em vós [...], mas aquele Consolador, o Espírito Santos, que o Pai enviará em meu nome, esse vos ensinará todas as coisas, e vos fará lembrar de tudo quanto vos tenho dito[28].

Pelas palavras de Jesus, verifica-se que a missão do Consolador Prometido é guiar os homens à Verdade, restabelecer *o ensino do Cristo em sua pureza primitiva* e *abrindo novos horizontes à compreensão humana da vida.*

[28] João 14: 15-17 e 26.

Durante a história da humanidade houve, segundo o ensinamento dado pelos Espíritos Superiores, três revelações: o Decálogo, que constitui a parte divina da lei mosaica; o ensino moral contigo no Evangelho e o Espiritismo. A primeira revelação da Lei de Deus está personificada em Moisés, a segunda no Cristo e a terceira não está personificada em pessoa alguma, sendo as duas primeiras individuais e a terceira coletiva, sendo esse o caráter essencial da revelação Espírita.

O Espiritismo levante o véu lançado sobre alguns mistérios, traz enorme consolação aos deserdados da terra e a todos que sofrem, dando uma causa justa e um objeto útil a todas as dores humanas. A revelação cristã sucedeu à revelação mosaica e a revelação Espírita vem completa-la. *O Cristo a anunciou, e ele próprio preside a esse novo surto do pensamento humano, manifestando-se fora e acima das igrejas, seu ensino dirige-se a todas as raças, porque é baseado no amor e não em dogmas religiosos.* Por toda parte os Espíritos proclamam os princípios em que ela se baseia, convidando o homem a meditar em Deus e na vida futura.

A terceira revelação, ao contrário das outras, não está personificada em um só indivíduo porque surgiu simultaneamente em milhares de pontos diferentes, é coletiva no sentido de não ser feita ou dada como privilégio a pessoa alguma, sendo distribuída simultaneamente por sobre a Terra, confirmando a predição de Joel: "Nos últimos tempos, disse o Senhor, derramarei o meu Espírito sobre toda a carne, os vossos filhos e filhas profetizarão, os mancebos terão visões e os velhos sonhos[29]".

O Espiritismo não ensina nada de contrário ao Cristo, mas desenvolve, completo e explica, em termos claros e

[29] Atos 2: 16-18.

objetivos, aquilo que não foi dito senão sob a forma alegórica. Vem cumprir, nos tempos preditos, o que o Cristo anunciou e preparar o cumprimento das coisas futuras. O Espiritismo não dogmatiza nem se imobiliza. Sem qualquer pretensão à infalibilidade, seu ensino é progressivo como os próprios Espíritos.

Para ser compreendido o real sentido das palavras ditas por Jesus, era necessário que novas ideias e novos conhecimentos trouxessem a chave indispensável. Contudo, estas ideias não podiam surgir antes que o Espírito da humanidade houvesse adquirido um certo grau de madureza, era imprescindível que a ciência pudesse contribuir poderosamente para a eclosão e o desenvolvimento de tais ideias. Logo, era necessário dar à ciência tempo para crescer e progredir. Pela leitura das palavras de Jesus no Evangelho de João, verificamos que o Consolador prometido deveria apresentar algumas características especiais a saber: procurar lembrar o que Jesus ensinou ensinar muitas coisas que o Evangelho não pôde explicar adequadamente, consolar e confortar os que sofrem mostrando a causa e a finalidade dos sofrimentos humanos e o Consolador Prometido, como Espírito da Verdade, teria, pois, de dar ao homem o conhecimento de sua origem, da necessidade de sua estada na Terra e do seu destino, espalhando por todo o lado a consolação que advém da fé e da esperança.

Havia necessidade do encaminhamento posterior do Consolador Prometido porque nem tudo foi dito por Jesus em virtude da imadureza da humanidade à época, do esquecimento, da falta de vivência das verdades apregoadas no Evangelho e das distorções premeditadas que a mensagem evangélica sofreu ao longo dos tempos. Como aborda

Kardec em *A Gênese*, foram dois mil anos de fermentação e de criminosas deformações da mensagem cristã.

E quando se pergunta se o Espiritismo consegue preencher todas as condições inerentes ao Consolador, a resposta é seguramente positiva. Tal raciocínio fica muito claro em *O Evangelho Segundo o Espiritismo*[30], quando afirma Kardec que Jesus promete outro consolador, dizendo que o mundo ainda não conhecia o Espírito de Verdade porque não estava maduro para o compreender, mas que o Pai enviaria outro consolador para ensinar todas as coisas e para relembrar o que o Cristo havia dito. Destaca que se o Espírito de Verdade teria de vir posteriormente para ensinar todas as coisas, é que o Cristo não dissera tudo e, se ele vem relembrar o que o Cristo disse, é sinal de que o dito antes foi esquecido ou mal compreendido.

Observa também que o Espiritismo veio abrir os olhos e os ouvidos de toda gente, exatamente por falar sem figuras, nem alegorias, levantando o véu intencionalmente sobre certos mistérios, permitindo que a consolação suprema chegue aos deserdados da Terra e a todos os que sofrem, cumprindo assim todas as condições citadas por Jesus em sua promessa. Portanto, assim como o Cristo disse "não vim destruir a lei, porém cumpri-la", também o Espiritismo diz: "não venho destruir a lei cristã, mas dar-lhe execução", não ensinando absolutamente nada contrário ao que ensinou o Cristo, mas tão somente desenvolvendo, completando e explicando em termos mais claros e para toda a gente.

---

[30] KARDEC, Allan. *O Evangelho Segundo o Espiritismo*. 131ª ed. Brasília: FEB. 2013, p. 105.

9. Qual a diferença entre Candomblé, Umbanda, Quimbanda e Espiritismo?

Como todas são baseadas na comunicabilidade com os Espíritos, há muita confusão entre elas. Na resolução da resposta vamos abordar quatro aspectos que consideramos fundamentais para o completo entendimento do tema: origem, objetivo, presença ou não de rituais e como se dá a prática religiosa.

Candomblé

Origem: Trazida pelos escravos da África no final do século XVI.

Objetivo: Chegar ao Divino pelas orientações dos Espíritos. Creem num Deus só, mas também cultuam uma série de Orixás que são considerados divindades representativas da natureza, que cuidam e equilibram as energias de nossa existência. É uma religião musical e culturalmente rica. Quando chegou ao Brasil a religião passou por mudanças para se esquivar da perseguição Católica, assim, cada Orixá foi associado a um santo da Igreja Católica, para despistar os jesuítas e dar continuidade do culto.

Rituais: Enorme ritualística com roupas que representam a indumentária dos Orixás. Acontecem várias oferendas na relação entre o homem e o seu Orixá, como a apresentação de cânticos ou rituais com animais. Acredita-se que o Orixá se serve da energia e da força etérea que emana do animal, em sintonia com as energias e as intenções do homem.

Prática religiosa: Prática destinado ao bem, não havendo trabalhos de amarração ou qualquer coisa que possa prejudicar o outro. Incorporações de Orixás são praticadas por médiuns dessas divindades, no entanto, não há incorporação ou psicofonia de outros desencarnados. As consultas são feitas através do "jogo de búzios". Esses Orixás, segundo entendem, têm o potencial de anular energias negativas e, por si só, proporcionar a harmonia e a Espiritualidade necessárias aos seres humanos.

Umbanda

Origem: Também deriva das religiões afro-brasileiras, mas nasceu propriamente em 1908 pelo médium Zélio de Moraes, ao incorporar uma entidade chamada "Caboclo das Sete Encruzilhadas". Com a ajuda de Espíritos que se apresentavam como ex-escravos (pretos velhos) e ex-indígenas (caboclos) fundou o primeiro centro em Niterói, Rio de Janeiro. É tida como religião verdadeiramente brasileira.

Objetivo: Tal qual o Espiritismo, o objetivo é atingir o grau máximo de evolução Espiritual. Acredita na reencarnação. Une elementos do Catolicismo, do Espiritismo, religiões afro-brasileiras e também do culto praticado pelos indígenas, segue o princípio da fraternidade e da caridade sob as leis da natureza e do Plano Espiritual. Também é conhecida por linha branca, magia branca ou umbanda pura. Há o consenso de que existe um Deus supremo e Jesus aparece como uma divindade a ser cultuada, sob o nome de Oxalá, mas também cultuam os Orixás.

Rituais: Diferentemente do Candomblé, não realizam rituais com animais, preferindo a utilização de instrumentos como cachimbos, saias, velas, pedras, cristais, banhos, defumações, ervas, colares, bebidas e tabacos em uso mínimo, com o objetivo de dissipar energias negativas. Os médiuns vestem apenas roupa branca. As sessões iniciam-se no início da noite e não ultrapassam meia-noite. As casas mais tradicionais não utilizam tambor, apenas cantos ou palmas para acompanhar o ritmo.

Prática religiosa: As práticas consistem em ações positivas, em conformidade com a ética e a moral, sendo possível, no entanto, clamar por uma espécie de 'justiça Espiritual'. As sessões são públicas. Os Orixás são cultuados, havendo também a incorporação de guias, por vezes, portam-se como crianças, pretos velhos, indígenas e chegam a manifestar vícios adquiridos nas últimas reencarnações, como por exemplo, o tabagismo. Atualmente, a maioria tem recorrido à vasta literatura Espírita para maiores esclarecimentos quanto ao mundo dos Espíritos.

Quimbanda

Origem: Religião afro-brasileira que surge no Rio Grande do Sul, a partir de meados dos anos 60. Frequentemente é confundida com a Kiumbanda (ou Quiumbanda) que é a prática de trabalhar espiritualmente com kiumbas[31]. É uma seita religiosa formada por Espíritos em evolução, onde o conceito de bem e mal são condições necessárias à aprendizagem das entidades.

Objetivo: Através do culto aos Exus, objetivam respostas rápidas e imediatas para seus anseios. Os Exus são tidos como interlocutores entre os homens e os deuses, e normalmente são Espíritos que vibram nas matas, cemitérios e encruzilhadas. Em razão disto, são conhecidos como

[31] WIKIPÉDIA. *Quimbanda*. Disponível em: https://bit.ly/2BR906V . Acesso em: 11 de junho de 2018.

povo da rua. Normalmente, o culto envolve a utilização de energias mais selvagens, consideradas ótimas para fortalecimento do ataque e defesa, chamadas de Eguns. Belzebu e Lúcifer representam os Espíritos mais fortes deste tipo de energia.

Rituais: Podem variar de acordo com o local do culto e com os seus adeptos, geralmente havendo necessidade de sacrifício animal. O vestuário varia, pois há aqueles que fazem os rituais sem camisa para um contato mais puro com o ancestral e com a terra, outros que utilizam apenas vestuário de cor preta ou vermelha e, ainda, os que usam cores preponderantemente coloridas, havendo sempre a presença da cor preta, muitos adereços e joias. As cores do templo normalmente são escuras e utilizam-se instrumentos como cachimbos, colares, de preferência coloridos e com algo de cor preta, bebidas e tabacos em grandes quantidades. As sessões ultrapassam a meia-noite, podendo seguir pela madrugada.

Prática religiosa: Faz o ético e o não ético, simultaneamente, dependendo da necessidade da assistência. Diferentemente da Umbanda, não há estudo da Doutrina Espírita, nem a presença frequente de guias, como os caboclos ou pretos-velhos, que raramente participam dos cultos. Desta feita, conquanto a Quimbanda não possua guias Espirituais, a participação destes nas sessões não é excluída.

Espiritismo

Origem: Doutrina surgida na França, no século XIX, sendo a primeira obra Espírita publicada em abril de 1857. Seus ensinamentos foram trazidos pelos Espíritos e organizados por Allan Kardec, no chamado Pentateuco Kardequiano: *O Livro dos Espíritos, O Livro dos Médiuns, O Evangelho Segundo o Espiritismo, O Céu e o Inferno* e *A Gênese.*

Objetivo: Todos somos Espíritos eternos, criados simples e ignorantes, é dizer, sem conhecimento, destinados à perfeição relativa. Fundamenta-se na reencarnação, que permite ao Espírito o progressivo aperfeiçoamento. Neste caminho, podemos seguir pelo caminho do bem ou mal, em função do nosso livre arbítrio, mas um dia todos seremos Espíritos puros, perfeitos e felizes.

Rituais: O Espiritismo não tem dogmas e nem rituais de quaisquer espécies.

Prática religiosa: Vivência da lei de amor e de caridade, amando a Deus sobre todas as coisas e ao próximo como a si mesmo. A sessão mediúnica é privada, sem qualquer ritualística, na qual se realiza assistência aos Espíritos necessitados, através do acolhimento, amparo e orientação a esses corações, sendo integrada por trabalhadores, médiuns, que possuam conhecimento Espírita e conduta moral compatível com o Evangelho de Jesus, nosso mestre e guia. Traz também importante aprendizado para a equipe encarnada. As Casas Espíritas também possuem atividades como palestras públicas, grupos de estudos, evangelização para crianças e jovens, atendimento fraterno, bem como atividades de assistência social.

10. Por que ainda existe preconceito, por diversas religiões, contra o Espiritismo e como a Doutrina se relaciona com elas?

Porque existe desconhecimento acerca do que seja o Espiritismo. Conquanto estejamos em pleno século XXI, com inúmeros livros à nossa disposição, internet, CDs, DVDs, cinema, televisão, etc, quando se fala em Espiritismo, muitos ainda sentem medo e o criticam e, apesar da maioria das religiões monoteístas da atualidade cultuarem a mesma divindade, muitos religiosos não conseguem aceitar ou tão somente conviver pacificamente com pessoas que não seguem as mesmas crenças e dogmas.

José Herculano Pires, abordando o preconceito contra o Espiritismo no livro *O Homem Novo*[32], destaca que o preconceito anti-Espírita parece corrido contra o Cristianismo, no mundo antigo, no sentido de que as pessoas que temem e não conhecem o Espiritismo dão-lhe aplicações indevidas, perdendo-se num emaranhado de lendas e de suposições acerca das sessões Espíritas. Normalmente os Espiritas são acusados de endemoniados, necromantes, feiticeiros, entre outros, da mesma forma que gregos e romanos faziam com os cristãos primitivos.

Lembra não serem essas deturpações do Espiritismo apenas orais, entre pessoas simples, mas também em publicações eruditas, jornais, revistas, livros de ensaios e estudos, com signatários cultos. Traz o autor, ainda, a opinião de Pitágoras, ao afirmar que a Terra é a morada da opinião. E, sendo opinião uma coisa frívola, incerta e irresponsável, não é de admirar que tantas pessoas opinem acerca do que não conhecem, sendo esse um hábito existente mesmo entre os mais intelectualizados.

---

32 PIRES, José Herculano. *O homem novo*. 3ª ed. São Paulo: Espírita Correio Fraterno do ABC, 1989. p. 14.

Quando se trata, contudo, de uma Doutrina Espiritual, defendida por tantos homens cultos, de projeção no mundo das ciências e do pensamento, no mundo inteiro, as pessoas de cultura ou mesmo de mediana cultura, deveriam ter mais cuidado aos e posicionarem a respeito, pois se o direito de opinar é livre, também o é o de julgar o senso de responsabilidade de quem opina. Segundo José Herculano Pires, o maior motivo de se temer o Espiritismo é a covardia humana, que faz os homens estremecerem de medo diante do perigo de alterarem suas opiniões diante do mundo e da vida, quando o Espiritismo muda a concepção estreita de uma vida falsa, para uma ampla concepção da Vida Espiritual, profunda e verdadeira.

É da lógica natural do crítico que este ao falar de algo, conheça a fundo, não superficialmente, situação na qual sua opinião não teria valor. Kardec ressalta a necessidade de se estudar profundamente o Espiritismo para que se possa emitir qualquer crítica de valor. No livro *O que é o Espiritismo*[33], o Codificador, em diálogo com um crítico à Doutrina Espírita, que desejava escrever um livro sobre o que considerava um erro, afirma que para se tratar sobre uma questão *ex professo*, equivale dizer que a mesma foi estudada sob todas as suas faces, que tudo foi visto e lido sobre a matéria, com análises e comparações de diversas opiniões. Nada foi desprezado para se chegar à verdade, pois somente aquele que faz tudo isso pode falar com conhecimento de causa.

O Espiritismo respeita todas as religiões e defende a liberdade de consciência, consequência natural da liberdade de pensar, patrimônio do homem. Entende que toda crença que incentive e eduque o ser humano a fazer o bem e não o mal é respeitável. A religião, entretanto, não pode

---

[33] KARDEC, Allan. *O que é o Espiritismo*. 56ª ed. Brasília: FEB, 2013, p. 44.

ser utilizada como mecanismo de perseguição ou de imposição, pois a crença quando imposta não desenvolve os verdadeiros valores do homem, a fé sincera e o amor.

Lembremo-nos das sábias e fraternas palavras do saudoso Chico Xavier[34] que, ao participar do Programa Pinga Fogo, em 1971, da TV Tupi, acordado sobre as religiões e os milagres, destaca que todas as religiões que tornam o homem bom são boas e as instrumentos de ligação do homem com Deus. Disse ele que todos os fenômenos de bondade divina, como os trazidos pela Igreja Católica, considerada por ele como a mãe da nossa civilização, são legítimos e, portanto, credores da nossa veneração, destacando não estarmos separados, os evangélicos-reformistas e os Espíritas cristãos por diferenças fundamentais.

Informa que os Espíritos ensinam que, conquanto estejamos todos em faixas diferentes de interpretação, somos uma família só diante de nosso Senhor Jesus Cristo, razão pela qual reverencia o Papa e sua santidade e os eminentes cardeais no Brasil, protetores da nossa fé. Reforça que o homem não pode esquecer o fato e que amava a religião tradicional em tudo o que tem de belo e de divino, mesmo que seguisse na faixa do Espiritismo cristão, dentro das conceituações de Allan Kardec, em virtude de a mediunidade tê-lo chamado para este campo de trabalho, também profundamente cristão.

Chico assevera que a religião é sempre boa quando fundada nos princípios do bem, pois torna os homens bons e é um processo de ligação com as forças divinas que emanam de Deus. Esclarece que todas as religiões que objetivam o burilamento da criatura humana trazem

[34] SAYURI, Deise. *Chico Xavier fala sobre as Religiões e os Milagres e suas Visões*. In: YouTube. Disponível em: https://bit.ly/2Nn1XUE . Acesso em: 11 de junho de 2018.

paz e amor autênticos, sem nenhuma ofensa ou desconsideração para ninguém, sendo um caminho santo que os Espíritas cristãos respeitam e devem respeitar sempre mais.

É exatamente este sentimento de fraternidade e irmandade entre as religiões que deve existir, todos nós devemos procurar viver em paz, trabalhando pelo crescimento da humanidade, fundamentada no amor e na vivência do Evangelho de Jesus.

O Espiritismo relaciona-se com as demais religiões de modo tranquilo, sereno e com muito respeito, pois entende que assim como o Espírita, pelo uso de seu livre-arbítrio, pode se levar ao "céu ou inferno", o mesmo acontece com os seguidores de outras religiões. Tudo depende de como eles irão pensar e agir após terem o conhecimento da Lei Maior.

Espiritismo é uma Doutrina sempre aberta à convivência e ao diálogo com as outras crenças religiosas, baseando-se numa compreensão ampliada dos ensinamentos morais de Jesus Cristo e nas Leis Naturais esclarecidas por Kardec. O essencial não é seguir uma religião ou outra, mas entendendo as Leis Naturais de Deus, agir de forma ética e moral, fundamentando-se nos princípios de igualdade, fraternidade, justiça e amor ao próximo, conforme tão bem apresentados e vivenciados pelo Mestre.

Logo, não é o fato de ser Espírita, a frequência em templos, a multiplicidade das palavras, a observância de rituais e de dogmas que eleva os homens, mas a sua reforma íntima através do autoconhecimento e da busca pela autoiluminação, é a prática da caridade através do amor em ação. Desta feira, as religiões e demais filosofias devem, como já dito alhures por Chico Xavier, transformar o homem para melhor, eis aí o grande desafio de todas as crenças.

Não se intenciona, por estas observações, desestimular os rituais nos templos. Na verdade, tudo faz parte do caminho de elevação Espiritual e se a pessoa realmente pensa e deseja o bem, se está vibrando positivamente por si e pelo próximo, e se procurar ser um homem de bem, seguramente será 'salvo', independentemente da religião que siga.

11. O Espírita pode frequentar outros templos religiosos?

Sim, com certeza, sem problema. O mais importante não é rótulo da religião, não é sermos Espíritas, Católicos, Budistas, Protestantes, mas sim vivenciarmos a lei de amor e de caridade, é sermos verdadeiramente cristãos no sentido amplo da palavra, no sentido de colocar em prática o Evangelho que o Divino Mestre ensinou.

Quando se chega ao Plano Espiritual, tenhamos a certeza que não será perguntado a cada um de nós qual a religião que professávamos, mas será verificado de que modo conduzimos nossa vida quando encarnados, se soubemos vivenciar o amor, a caridade e a fraternidade ou se fomos orgulhosos, egoístas, maledicentes e se vivemos apenas para a satisfação de nossos próprios interesses.

Sabemos existir pessoas que não frequentam uma religião específica, mas são pessoas extremamente bondosas e que exalam amor, que não perdem a oportunidade de fazer o bem nos mais simples e menores gestos. Alguém assim é muito bem visto aos olhos de Deus, porque aplica a Sua Lei. Por outro lado, têm muitos Espíritas, Católicos, Protestantes, Evangélicos, entre outros, que vivem nos seus templos ou casas religiosas, locais que, em tese, aproximam o homem de Deus.

Sabemos existir pessoas que não frequentam uma religião específica, mas são pessoas extremamente bondosas e que exalam amor, que não perdem a oportunidade de fazer o bem nos mais simples e menores gestos. Alguém assim é muito bem visto aos olhos de Deus porque aplica a Sua lei. Por outro lado, têm muitos Espíritas, Católicos, Protestantes, Evangélicos, entre outros, que vivem nos seus templos ou casas religiosas, locais que, em tese, aproximam o homem de Deus, mas que na prática não fazem aquilo que professam.

No Plano Espiritual, inclusive, através das observações trazidas por Manoel Philomeno de Miranda na obra *Transição Planetária*[35], tem-se a comprovação de que o mais importante é o amor e não o rótulo das religiões. Lá, a caravana do Plano Espiritual destacada para auxiliar os corações desencarnados no tsunami da Indonésia, em 2004, é formada por religiosos das mais diferentes convicções.

Menciona o Autor Espiritual, na apresentação dos trabalhadores da caravana, que estava curioso por conta da magnitude do labor desenhado e, especialmente, em razão da convivência que teriam com Espíritos de culturas diferentes e hábitos com os quais não se encontrava familiarizado. Informa que os amigos filipinos logo se identificaram, sendo que o mais idoso havia disso um sacerdote Católico numa das muitas ilhas e que se chamava Marcos, tendo se dedicado ao ministério da fé religiosa e à educação infantil, desencarnando nos idos do ano 1954, aos setenta anos de idade.

[35] FRANCO, Divaldo Pereira. *Transição Planetária*, pelo Espírito Manoel Philomeno de Miranda. [s.l.]: Luz Espírita, 2011, p. 24.

O outro, mais jovem e sorridente, encontrava-se vestido conforme o seu povo, elucidando que pertencia à religião muçulmana e era conhecido como Abdul Severin, tendo desencarnado vitimado por febre palustre aos quarenta anos de idade. Destaca que a caravana era constituída de membros de variada formação Espiritual, mas que possuíam como ponto comum de entendimento o amor que vige soberano no Universo sendo uma das forças de equilíbrio cósmico, de essência divina.

O Autor Espiritual, no ensejo, informa que seu amigo Oscar tinha formação Judaica e ele Espírita, percebendo todos, de maneira comovedora, pertencendo a mesma grei, a do bem incorruptível, inalterável.

Inclusive, o Autor Espiritual Miranda pergunta ao padre Marcos como ele conciliava o conceito de reencarnação com os dogmas esposados pela sua formação Católica, tendo o amigo respondido que as formulações da Verdade do mundo real, Espiritual, na direção da Terra, sendo as religiões que as vestem de superstições, de lendas e dogmas, segundo os níveis de consciência das criaturas, velando umas e liberando outras. Contudo, ressalta que ao retornar o indivíduo ao país da imortalidade, as fórmulas somem, dando lugar ao aparecimento da essência que logo são assimiladas por afinidade e pela lógica do Bem Universal.

Desta feita, como esclarecido na pergunta anterior, o Espiritismo não tem discriminação ou preconceito contra religião alguma. A religião não importa, não é a Doutrina Espírita que salva, mas a vivência das Leis de Deus, da Lei de Justiça, Amor e Caridade. Todas as crenças que aproximam o homem de Deus são belas e merecem o nosso respeito e admiração. Tanto é assim que em *O Evangelho*

Segundo o Espiritismo encontramos "fora da caridade não há salvação" e não "fora do Espiritismo não há salvação".

12. O movimento Espírita deve dar sua opinião sobre política?

"O maior entre vós seja como o menor; e quem governa seja como quem serve[36]". Observando atentamente a humanidade, vemos que a transformação íntima só se torna efetiva e verdadeira quando ela é irradiada para a coletividade em que vivemos. O Espiritismo nos fala da realidade do Espírito e do seu processo evolutivo, ensinando-nos que a felicidade é uma construção individual e coletiva, não sendo possível ao indivíduo ser feliz vendo o seu entorno repleto de carência, lágrima e dor.

Haveria alguma relação entre Espiritismo e política? Sobre o aspecto filosófico, o Espiritismo tem muito a ver com a política, pois esta deve ser a arte de administrar a sociedade de forma justa. Consequentemente, o Espírita não pode declinar da sua cidadania e deve vivencia-la de forma consciente e muito responsável. Qual seria então o significado da afirmação de Kardec ao recomendar aos Centros que deixassem de lado as questões políticas? Que não devemos levar para o Centro Espírita as campanhas e militâncias partidária, pois o lugar para o seu exercício é nas agremiações e locas respectivos.

Entretanto, dos próprios princípios do Espiritismo decorrem as questões políticas. A partir do momento em que se fala em reforma íntima e moral, em uma nova visão de mundo, em transformação da sociedade, em desapego dos bens materiais, da prática do amor, da justiça e da caridade, fala-se em política. Ao serem os Espíritos questionados por Kardec acerca da sua missão, respondem

[36] Lucas 22:26

ser a de instruir os homens, a de ajudar no seu progresso e, também, a de melhorar suas instituições por meios diretos e materiais[37].

Assim, não pode o Espírita alienar-se no seio da sociedade que vive, alegando que o Espiritismo e a política não têm qualquer relação, pois é preciso lembrar que a vida material e a Vida Espiritual são dimensões contínuas da própria vida. Para o Espírita, essa ação política deve inspirar-se no aspecto filosófico do Espiritismo, que o leva a amar o próximo, a desejar o seu bem, a *estimular a sociedade humana a ter hábitos Espiritualizados, a desenvolver a inteligência e a elaborar leis justas, em benefício de todos.*

O Espiritismo trabalha com educação. Esta é a base da própria Doutrina, pois, para pratica-la, temos de nos educar, tendo essa um conteúdo extremamente político, pois muda a forma de ver o mundo e de agir nele. Ressalte-se não se buscar aqui fazer política no aspecto partidário, mas sim auxiliar na conscientização dos Espíritas sobre como entender a sociedade e agir nela de uma forma mais positiva.

Na apresentação da obra *Espiritismo e Política*, o professor Ayrton Aylton Paiva elucida não se tratar de estimular a participar da política partidária dos Espíritas, nem de afirmar que o Espírita deve ou não participar, de modo atuante, de uma organização política, mas tão somente de reconhecer o direito do Espírita escolher livremente, como membro de uma sociedade, de que modo contribuirá para que as relações humanas sejam, progressivamente, melhoradas no sentido da paz, da justiça e do amor fraternal[38].

---

[37] KARDEC, Allan. *O Livro dos Espíritos*. 93ª ed. Brasília: FEB, 2013, questão 573, p. 275.

[38] PAIVA, Ayrton Aylton. *Espiritismo e Política, contribuições para a Evolução do Ser e da Sociedade*. [s.l.]: FEB, [2014?], p. 17.

Cabe mencionar um texto de Emmanuel, intitulado "Política", presente no livro *Alma e Luz*[39], pela psicografia de Chico Xavier, onde inicia citando o Evangelho de Lucas, capítulo 22, versículo 26, que traz a frase de Jesus: "E quem governa seja como quem serve". No texto, o Autor Espiritual orienta ter Jesus ensinado, no tocante à política, a lição de se administrar um povo da mesma forma com que gostaríamos de servir, na hipótese de sermos governados. Esta é, segundo nos parece, a mais elevada fórmula de vida político-administrativa a que Emmanuel refere-se.

Emmanuel critica aqueles que dizem ser esta singela lição de Jesus incompatível com a dimensão das relações humanas, afirmando desconhecerem esses as verdadeiras Lições Divinas. O Espírito remonta aos períodos históricos da humanidade quando os governos eram construídos a base de lutas e sangue e, por isso, foram todos criminosos e desleais. A lição de Jesus, portanto, é incompreensível aos homens, pois estes governam apenas por seus próprios interesses, desligados do Esquema Divino, de todos os seres e de todas as coisas da vida.

Herculano Pires, no livro *O Centro Espírita*[40], elucida que o Espiritismo se liga a todos os campos das atividades humanas não objetivando entranhar-se neles, mas sim para levar as luzes do Espírito, pois servir no mundo por meio de Deus é a sua função e não servir a Deus por meio do mundo. Deste modo, entendemos fundamentais o Espiritismo e a política para a construção de uma nova sociedade. Lembremo-nos, ainda que reconhecidos trabalhadores do movimento Espírita desempenharam, com méritos, atividades políticas junto aos poderes públi-

[39] XAVIER, Francisco Cândido. *Alma e Luz*, pelo Espírito Emmanuel. [s.l.]: IDE: 1990, p. 14.
[40] PIRES, José Herculano. *O Centro Espírita*. São Paulo: Paideia. 2008, p. 56.

cos, como Cairbar Schutel, José de Freitas Nobre e nosso querido Adolfo Bezerra de Menezes.

Apoiado, portanto, na moral evangélica e sem comprometer-se com legendas ou organizações partidárias, o movimento Espírita pode contribuir, no campo das ideias, para a solução dos problemas políticos e sociais que surgem, naturalmente, no processo da evolução planetária. E, para finalizar a questão, trazemos a afirmação de Kardec:

> O Espiritismo não cria a renovação social; a madureza da humanidade é que fará dessa renovação uma necessidade. Pelo seu poder moralizador, por suas tendências progressistas, pela amplitude de suas vistas, pela generalidade das questões que abrange, o Espiritismo é mais apto do que qualquer outra Doutrina, a secundar o movimento de regeneração, por isso, é ela contemporâneo desse movimento[41].

13. O Espiritismo tem rituais ou sacerdotes?

Não, pois o que caracteriza a prática Espírita é exatamente a sua simplicidade, sem necessidade de qualquer culto exterior, buscando vivenciar o princípio cristão de que Deus existe em nós através do Espírito e da Verdade, refletidos em nossa conduta de vida. O Espiritismo, portanto, não tem sacerdotes, não adoto e nem usa em suas reuniões e práticas paramentos ou quaisquer vestes especiais; vinho ou qualquer outra bebida alcoólica; incenso, fumo ou outras substâncias que produzam fumaça; altares, imagens, velas ou outros objetos materiais que auxiliem no chamamento do público.

---

[41] KARDEC, Allan. *A Gênese*. 53ª ed. Brasília: FEB, 2013, p. 368.

Também não tem hinos ou cantos em línguas mortas ou exóticas, danças, procissões ou atos semelhantes; atendimento a qualquer interesse material ou mundano; pagamento pelas atividades exercidas em favor do próximo; talismãs, amuletos, orações miraculosas, bentinhos ou escapulários; não administra sacramentos, não concede indulgências, não distribui títulos nobiliárquicos; não confecciona horóscopo e nem exerce a cartomancia e quiromancia; não tem rituais e nem faz promessas e despachos.

Examinando a codificação Kardequiana, não encontraremos referências a qualquer tipo de cerimônia ou ritual, como casamentos, batizados, entre outros. Inclusive, tal prática foi expressamente desaconselhada pelo Espírito de André Luiz, no livro *Conduta Espírita*, psicografia de Waldo Vieira, ao abordar a postura do Dirigente das reuniões mediúnicas. Afirma o Autor Espiritismo que se deve desaprovar o emprego de rituais, imagens ou símbolos de qualquer natureza nas sessões mediúnicas, de modo a assegurar a prática do Espiritismo na sua forma pura e simples, destacando que mais vale um sentimento puro que centenas de manifestações exteriores[42].

Como somos filhos diretos de Deus, não se justifica precisarmos de intermediário para esse contato com Ele, podemos fazê-lo diretamente, pelo pensamento e pelo coração. Os Centros Espíritas ou sociedades verdadeiramente Espíritas, seguidores dos postulados da Doutrina Espírita, observam estas orientações.

O casamento, por exemplo, existe no Espiritismo enquanto instituição, mas não como rito. Não existe cerimô-

[42] VIEIRA, Waldo. *Conduta Espirita*, pelo Espírito André Luiz. 21ª ed. Rio de Janeiro: FEB, 1998, p. 11.

nia religiosa de casamento no Espiritismo, mas nas Obras Básicas da Codificação, a Espiritualidade Superior confirma a importância do casamento afirmando ser ele um progresso na marcha da Humanidade[43]. Comentando esta pergunta, o Espírito Miramez[44] reafirma a importância do casamento como instituição e ensina ser uma lei natural para todos os seres, em todos os planos de vida e que, mesmo nos Planos Espirituais mais próximos à Terra, os Espíritos também se unem para atividades sagradas do aperfeiçoamento.

Destaca ter o casamento surgido para conservar a espécie dentro de certas normas, assegurando caminhos novos ao amor dos que juntos convivem e permitindo a constituição da família, que é a célula da sociedade. Lembra, ainda, que enquanto o homem não alcançar a perfeição dos seus sentimentos, precisa ligar-se a outrem pela lei humana, em respeito às Leis de Deus, de modo que o amor divino eleve seus sentimentos. Para os que desejam aprender, portanto, o casamento é o meio de se educar.

Portanto, claro está ser o casamento importante para o crescimento e aprimoramento do Espírito imortal, mas tão somente não há necessidade de rito, pois Deus abençoa e auxilia todos os casamentos, com ou sem cerimônia. O importante para a aprovação divina de uma união não é o ato exterior, mas a conduta íntima, com o amor e o respeito ao parceiro, fidelidade e cumprimento dos deveres de uma relação saudável e baseada no amor.

Usualmente, como o casamento no civil é seguido de uma comemoração, alguns casais Espíritas aproveitam o momento para realizar uma oração, às vezes feita por um

---

[43] KARDEC, Allan. *O Livro dos Espíritos*. Brasília: FEB, 2013, questão 695.

[44] *O Livro dos Espíritos*, comentado pelo Espírito Miramez. Disponível em: https://bit.ly.2wte2k3 . Acesso em: 14 de junho de 2018.

diretor de Centro, orador Espírita, médium, etc., objetivando selar esse importante momento. Contudo, no caso, houve tão-somente o casamento civil e não uma cerimônia Espírita.

Assim como o casamento, o sacramento do batismo não existe no Espiritismo, não possuindo significado especial ao Espírita. Cairbar Schutel orienta que o batismo no Espírito Santo e com fogo deve ser ensinado aos nossos filhos sob a forma de evangelização, podendo ser efetivamente praticado por estes ao atingirem idade suficiente para compreender verdadeiramente os ensinamentos crísticos[45]. O autor ainda elucida que a palavra batismo tem sua origem no grego e significa mergulho ou mergulhar. Por este prisma, afirma que a prática do batismo representa um mergulho no Espírito Santo. Lembra que Jesus jamais batizou alguém, mas apenas seguiu uma tradição comumente aplicada à época[46]. Jesus nunca se referiu ao batismo e sim ao renascimento da água e do Espírito, isto é, à reencarnação e à mudança de pensamentos e sentimentos necessários para a transformação do homem, até porque os cultos exteriores não são os agentes capazes de modificar a criatura e a elevar até Deus, mas tão-somente a mudança interior, brilhantemente exemplificada por Jesus.

Deste modo, o Espiritismo dispensa a criação de rituais ou práticas exteriores. Em verdade, somente a proximidade com os bons Espíritos constitui ferramenta indispensável para sua compreensão, pois o Espírita, conforme ensina Kardec, deve ser reconhecido por sua

---

[45] ESPIRITISMO.NET. *Práticas Espíritas*. Disponível em: https://bit.ly.2ogxRHD . Acesso em: 14 de junho de 2018.

[46] João 4:1.

"transformação moral e pelos esforços que emprega para domar suas inclinações más[47]".

[47] KARDEC, Allan. *O Evangelho Segundo o Espiritismo*. 131ª ed. Brasília: FEB, 2013, p. 235.

Capítulo III

Obras Fundamentais

14. Quem foi Allan Kardec, o Codificador do Espiritismo?

Na obra *Allan Kardec*, de autoria de Zêus Wantuil e Francisco Thiesen, publicada pela Federação Espírita Brasileira em três volumes nos anos de 1979 e 1980, podemos encontrar dados importantes a respeito da história do Espiritismo e de seu codificador. Nos volumes dois e três da obra, é possível verificar análises e comentários de grande profundidade sobre tópicos relativos à Doutrina e ao movimento Espírita.[48]

O nome de batismo de Allan Kardec era Hyppolyte Léon Denizard Rivail, nascido em 3 de outubro de 1804, na cidade de Lyon, França, numa época marcada por graves agitações políticas, conflitos sociais e religiosos. Foi filho de Jacan Baptiste Antoine Rivail e Jeanne Louise Duhamel. A família de seu pai era composta por juízes e advogados, ao passo que a de sua mãe era formada por ilustres matemáticos, teólogos e escritores. Seu batismo

[48] WANTUIL, Zêus; THIESEN, Francisco. *Allan Kardec*. Volume I. [s.l.]: FEB, 1979.

foi realizado pelo padre Barthe em 15 de junho de 1805 na Igreja Saint Denis de la Croix-Rousse.

Era a época de Napoleão I. Aos 10 anos foi estudar na suíça com o famoso educador Johann Heinrich Pestalozzi, que era apaixonado na arte de ensinar. O Instituto ficava na cidade de Yverdon, Suíça, e funcionava em regime de internato. Os alunos recebiam ali educação integral esmerada, segundo um inovador método pedagógico do famoso professor, baseado na convicção de que o amor é o eterno fundamento da educação, sendo Rivail um discípulo exemplar.

A sua formação, seu método de estudo e aprendizado foram essenciais na codificação do Espiritismo. Em 1825 Kardec dirigiu a "Escola de 1º Grau" e em 1826 fundou o Instituto Técnico Rivail, baseando-se em nobres princípios, trabalhando sempre com seriedade e metodologia inovadora. Em 1828 decidiu que dedicaria sua vida à educação e, em 1831, publicou três livros e conheceu Amélie Gabrielle Boudet, que era professora da escola de belas artes, poetisa e pintora, com quem casou-se em 1832.

Amélie-Gabrielle Boudet (1795-1883), foi sua dedicada companheira, apoiando-o em todos os momentos, sendo conhecida entre os Espíritas como "Madame Allan Kardec". Não tiveram filhos biológicos, segundo informações da revista Reformador[49], editada pela Federação Espírita Brasileira. Todavia, recentes documentos encontrados, em especial cartas de Kardec dirigidas a sua esposa, demonstraram terem tido uma filha chamada

[49] REFORMADOR. Ano 116. Fevereiro, 1999. Número 2.039. Editora: FEB. Item *Sinopse dos principais fatos referentes às Origens do Espiritismo*. Disponível em: http://bvespirita.com/Revista%20Reformador%20-%201999%20-%20Fevereiro%20(Federacao%20Espirita%20Brasileira).pdf. Acesso em: 12 de janeiro de 2022.

Louise, provavelmente adotiva, a qual teria falecido ainda bem jovem, no ano de 1845.[50]

Ambos sempre foram pessoas dignas, de moralidade inatacável, dedicando-se integralmente ao cultivo dos ideais superiores da cultura, da educação e do bem.

Em 1834 precisou vender seu Instituto em razão de problemas financeiros com seu tio, que era seu sócio à época. O dinheiro da venda foi aplicado em investimentos. Antes de conhecer os fenômenos mediúnicos, Kardec escreveu livros em diversas áreas do conhecimento, como ciências, filosofia e artes, além de ter traduzido obras do alemão e inglês para o francês, e vice-versa. Seu alto nível de instrução e cultura possibilitou sua associação às mais diversas academias culturais, rendendo-lhe muitos diplomas.

Em 1855 encontra-se com o Sr. Carlotti, antigo amigo e, convidado à casa da Sra. Roger, encontrou a Sra. Plainemaison e o Sr. Patier. Rivail assiste a algumas experiências na casa da Sra. Plainemaison, impressionando-se com os fenômenos, que se verificavam em condições que não deixavam lugar para qualquer dúvida, reconhecendo que havia ali um fato que necessariamente decorria de uma causa. Kardec entreviu naquelas aparentes futilidades qualquer coisa de sério, como a revelação de uma nova lei que decidiu estudar a fundo.[51]

Conheceu a família Baudin e passou a frequentar as reuniões semanais em sua casa. As médiuns eram as adolescentes Julie e Caroline Baudin. Rivail, que buscava apenas se instruir, viu que ali surgia uma nova Doutrina e iniciou seus estudos sérios do Espiritismo, observan-

[50] FEDERAÇÃO ESPÍRITA DO PARANÁ. Mundo Espírita. *A pequena Louise, filha adotivia de Rivail e Amélie*. Disponível em: < http://www.mundoespirita.com.br/?materia=a-pequena-louise-filha-adotiva-de-rivail-e-amelie> . Acesso em: 12 jan. 2022.

[51] WANTUIL, Zêus; THIESEN, Francisco. *Allan Kardec*. Volume II. [s.l.]: FEB, 1979. p. 64.

do que os Espíritos, nada mais sendo que as almas dos homens, não possuíam nem a plena sabedoria e nem a ciência integral, verificando que o saber que possuíam era de acordo com o seu adiantamento, o seu grau de evolução. E dizia ainda que observar, comparar e julgar foi a regra que constantemente seguiu.

Em 1855 recebe uma mensagem do Espírito Zéfiro, que normalmente se manifestava nessas reuniões, dizendo-lhe que em uma reencarnação anterior Kardec havia sido um druida na região das Gálias e que se chamava Allan Kardec, passando, a partir daí, a usar este nome. Em 30 de abril de 1856, recebeu a primeira revelação da missão que tinha a desempenhar, a Codificação de uma nova Doutrina. Nas datas de 07 de maio de 1856 e 12 de junho de 1856, recebeu mais duas confirmações da referida missão.

Em setembro de 1856, grande parte do trabalho da codificação já estava concluído, mas Kardec quis submetê-lo aos Espíritos. Tendo recebido a confirmação dos amigos espirituais de que estavam satisfeitos, publica a primeira edição de *O Livro dos Espíritos* em 18 de abril de 1857. Fato interessante é que Kardec verificava diversas vezes as comunicações obtidas, submetendo as questões mais melindrosas a vários Espíritos através de vários médiuns.

Até então, a Doutrina só possuía elementos esparsos, sem coordenação e cujo alcance não tinha sido compreendido por todos. Com *O Livro dos Espíritos* o Espiritismo conseguiu obter a atenção dos homens sérios e adquiriu rápido desenvolvimento, devendo-se este, em grande parte, à clareza de estilo de Kardec.

Em 1º de abril de 1858, Kardec funda a Sociedade Espírita de Paris – SPES, no Palácio Royal, Galeria Valois. As portas da SPES não eram abertas ao público, conquanto houvesse "reuniões gerais" em que visitantes apresentados por membros da *Société* podiam ser admitidos. Isso acontecia por conta dos objetivos das reuniões, ligadas essencialmente à pesquisa teórica e experimental dos fenômenos.

Em 09 de outubro de 1861, num evento que ficou conhecido como o Auto da Fé de Barcelona, foram queimados em praça pública mais de 300 livros sobre o Espiritismo, por serem considerados perniciosos pela fé católica. O fato acabou dando notoriedade ao Espiritismo, fazendo-o ficar ainda mais conhecido.

Sobre Kardec, escreveu Gabriel Delanne que pelo seu inestimável serviço prestado à humanidade, resultando de constatações científicas, substituiu-se a fé cega numa vida futura pela inquebrantável certeza.[52]

Em 31 de março de 1869, aos 65 anos, desencarnou em Paris, muito provavelmente vitimado pela ruptura de um aneurisma de aorta. De 1855 a 1869, Kardec consagrou sua existência ao Espiritismo, dando palestras, fazendo viagens para divulgação da Doutrina, com estudos e pesquisas, tendo sido sepultado no Cemitério do Père-Lachaise, uma célebre necrópole da capital francesa. No túmulo, acima de sua tumba, está escrito: "Nascer, morrer, renascer ainda e progredir sem cessar, tal é a lei", em francês.

15. Como Allan Kardec codificou a Doutrina Espírita?

Embora Kardec não fosse um cientista por profissão, ligado a um ramo específico das ciências, era detentor de um "Espírito científico", pois nele estavam contidas todas

---

[52] WIKIPÉDIA. *Allan Kardec*. Disponível em: <https://bit.ly/2wu0C7p>. Acesso em: 13 jun. 2018.

as condições indispensáveis ao ofício: 1. *Serenidade* para com os fatos mediúnicos, não negava nem afirmava em princípio; 2. *Domínio próprio* para não se entusiasmar com os primeiros resultados; 3. *Cuidado* na seleção das comunicações; 4. *Prudência* nas declarações, para evitar divulgações precipitadas de fatos ainda não examinados e comprovados e; 5. *Humildade* para buscar a verdade antes e acima de tudo.

O Espiritismo e a ciência não são forças antagônicas, mas ao contrário, completam-se mutuamente. A ciência propriamente dita, tem por objeto o estudo das leis do princípio material, enquanto que o Espiritismo tem por objeto o conhecimento das leis do princípio Espiritual e, como esta é uma das forças da Natureza que reage sobre o princípio material, o conhecimento de um não está completo sem o conhecimento do outro. Nesse sentido, observa-se que a Ciência sem o Espiritismo não pode explicar certos fenômenos valendo-se apenas das leis materiais. Na mesma linha, o Espiritismo sem a ciência torna-se vazio de apoio e comprovação.

No processo de codificação do Espiritismo, Allan Kardec utilizou o método experimental, semelhante ao usado pelas ciências positivas. Tal metodologia fundamentava-se ao usado pelas ciências positivas. Tal metodologia fundamentava-se na observação, comparação, análise sistemática e conclusão. Não havia teoria preconcebida acerca da existência dos Espíritos e outros princípios da Doutrina, tendo a concepção destas ocorrido somente após a observação e constatação dos fatos. Em outras palavras, não foi a observação dos fatos que resultou na confirmação de uma teoria do Espiritismo, mas a teoria surgiu somente após a verificação dos fatos, cujo objetivo era a explicação destes. Portanto, o Espiritismo é uma ciência de observação e não um produto da imaginação do homem[53].

No exercício do método experimental, procurava remontar os efeitos às causas por meio da dedução e do encadeamento lógico dos fatos, só admitindo uma explicação como válida quando ela resolvia todas as dificuldades do problema, tendo sempre procedido desta forma em seus trabalhos anteriores. Conquanto Kardec tenha utilizado para tecer os primeiros fundamentos da Doutrina Espírita o método indutivo, observando exemplos diferentes para tirar uma conclusão geral, não deixou de usar, também, o chamado processo dedutivo, raciocínio pelo qual se tira conclusões por meio de premissas dadas, uma vez que os processos científicos exigem a combinação de ambos.

Aspecto de fundamental importância no tocante ao método de codificação da Doutrina é o que chamamos de controle universal dos ensinos dos Espíritos, caracterizada por dois importantes aspectos: A *generalidade ou universalidade* dos ensinos, que têm validade universal, tendo Deus incumbido os Espíritos de os levar de um canto a outro do planeta, manifestando-se por toda parte; a *concordância dos ensinos*, pois se servira de grande número de médiuns estranhos uns aos outros e em vários lugares, mas todos concordantes com os ensinos.

Retornando o tema em *A Gênese*, Kardec ensina que a generalidade e a concordância no ensino são o caráter essencial da Doutrina, a condição mesma da sua existência, resultando daí que todo princípio que ainda não tenha recebido a consagração do controla da generalidade não pode ser considerado parte integrante da

---

53 KARDEC, Allan. *A Gênese*. 53ª ed. Brasília: FEB, 2013, p. 22.

mesma Doutrina, sendo sempre uma opinião isolada, não podendo o Espiritismo assumir a responsabilidade.

A opinião concordante dos Espíritos, examinadas pela lógica, constitui a força da Doutrina Espírita, assegurando-lhe perpetuidade. Para que ela mudasse, a universalidade dos Espíritos precisaria alterar sua opinião, dizendo o inverso, pois que ela tem sua fonte no ensino dos Espíritos e para que sucumbisse, seria necessário que os Espíritos deixassem de existir[54]. Assim, observa-se ter Kardec compreendido sem seu íntimo a gravidade dos fenômenos que estava disposto a observar e a forma como estes poderiam revolucionar as ideias e as crenças. Por conta disto, procurou agir com bastante circunspecção, sendo positivista e não idealista, para não se deixar contaminar por ilusões.

16. O que é O Livro dos Espíritos?

É o marco inicial da Codificação da Doutrina Espírita, tendo sido a primeira obra a ser publicada por Allan Kardec em 18 de abril de 1857, tratando dos aspectos científico, filosófico e religioso da Doutrina, lançando as bases que seriam, no futuro, aprofundadas pelo Codificador nas demais obras: *O Livros dos Médiuns*, *O Evangelho Segundo o Espiritismo*, *O Céu e o Inferno* e *A Gênese*.

Contém hoje 1019 perguntas e respostas devidamente catalogadas e reunidas por temas pelo Codificador, com base nos ensinos transmitidos pelos Espíritos e nas suas observações acerca dos fenômenos do Mundo Espiritual. O livro, portanto, é o resultado de um trabalho coletivo, de real parceria entre o Céu e a Terra, apresentando

---

[54] KARDEC, Allan. *A Gênese*. 48ª ed. Rio de Janeiro: FEB, 2005, p. 11.

os princípios da Doutrina Espírita sobre a imortalidade da alma, a natureza dos Espíritos e suas relações com os homens, as Leis Morais, a vida presente, a vida futura e o porvir da humanidade. Como se pode observar, foi a primeira vez que a realidade Espiritual, embora sempre tenha existido, aparecia na sua inteireza, graças à revelação do Espírito de Verdade, prometido pelo Cristo[55].

Nesta obra, Rivail já utilizou o pseudônimo de Allan Kardec, nome que usara em encarnação entre os druidas, quando se preparava para a missão Espírita, e não seu nome ilustre de batismo, Hippolyte Léon Denizard Rivail.

A primeira edição de 18 de abril de 1857 foi publicada com 501 perguntas e, segundo a Revista o Reformador de Abril de 2004, seu lançamento deu-se no *Palais Royal*, Livraria Dentu, na Galeria Orléans.

As médiuns que serviram a esse trabalho foram inicialmente as jovens Caroline e Julie Boudin, de 16 e 14 anos, respectivamente, às quais se juntou Celine Japhet, com 18 anos e a senhorita Ermmance Defaux, de 14 anos, tendo o Espírito São Luiz guiado o processo de revisão do livro. Após o primeiro esboço, o método das perguntas e respostas foi comparado com as comunicações obtidas por outros médiuns franceses, mais de dez, segundo Kardec, cujos textos psicografados auxiliaram para a estruturação da obra.

A segunda edição francesa foi lançada em 18 de março de 1860, tendo *O Livro dos Espíritos* sido considerado quase como um trabalho novo, conquanto não haja sofrido os princípios qualquer alteração, salvo pequeníssimo número de exceções, considerados antes complementos e esclarecimentos que verdadeiras mo-

---

[55] KARDEC, Allan. *O Livro dos Espíritos*. Tradução de José Herculano Pires, 8ª ed. São Paulo: FEESP, 1995, p. 08.

dificações. No intuito de proceder a esta revisão, Kardec manteve contato com grupos Espíritas de aproximadamente 15 países da Europa e das Américas, já constando na segunda edição 1018 perguntas e respostas, sendo que algumas edições atuais trazem 1019 perguntas, acréscimo que segundo a Federação Espírita Brasileira decorre do fato de o Codificador não ter numerado a pergunta imediatamente após a 1010, aquela que seria a 1011. Deste modo, o livro teria, de fato, 1019 perguntas[56].

As respostas psicografadas pelas médiuns eram revistas, analisadas e, muitas vezes, comparadas a outras mensagens, sendo a revisão necessária por causa da dificuldade em se entender o que os Espíritos diziam e, ainda, porque os Espíritos não eram donos de toda a sabedoria do Universo.

A edição definitiva é composta de quatro partes. A primeira aborda sobre as noções de divindade, criação e elementos fundamentais do Universo. A segunda versa sobre o mundo dos Espíritos, tratando sobre a noção de Espírito, a finalidade de sua existência, seu potencial de autoaperfeiçoamento, sua pré e pós-existência e ainda as relações que estabelece com a matéria. A terceira trata das Leis Morais, fazendo abordagem das Leis de Ordem Moral: adoração, trabalho, reprodução, conservação, destruição, sociedade, progresso, igualdade, liberdade, justiça, amor e caridade. Por fim, a quarta parte discorre sobre as esperanças e consolações, onde constam considerações acerca do futuro do homem, seu estado após a morte, as alegrias e os obstáculos que encontra no além-túmulo.

---

[56] WIKIPEDIA. *O Livro dos Espíritos*. Disponível em: https://bit.ly.2MUvK-qQ Acesso em: 14 de junho de 2018.

17. O que é O Livro dos Médiuns?

É o segundo livro da Codificação Espírita, tendo sido publicado em janeiro de 1861. Após a publicação de *O Livro dos Espíritos* em 1857, Kardec lançou, em 1858 um livrinho intitulado *Instruções Práticas sobre as Manifestações Espíritas*, que era um ensaio para *O Livro dos Médiuns*, tendo suprimido aquele quando publicou esse. *O Livro dos Médiuns* reúne:

> [...] o ensino especial dos Espíritos sobre a teoria de todos os gêneros de manifestações, os meios de comunicação com o mundo invisível, o desenvolvimento da mediunidade, as dificuldades e os tropeços que se podem encontrar na prática do Espiritismo, constituindo o seguimento de *O Livro dos Espíritos*[57].

Na parte introdutória da obra, Kardec[58] explica a que se destina o trabalho, elucidando que diariamente a experiência traz a confirmação de que as dificuldades e os desenganos existentes na prática do Espiritismo originam-se da ignorância dos seus princípios, ficando satisfeito em comprovar que seu trabalho produziu bons frutos. Sabe ser natural que entre os que se ocupam com o Espiritismo exista o desejo da comunicação com os Espíritos, servindo a obra exatamente para orientar neste caminho, aproveitando algo dos estudos realizados pelo Codificador, pois sabe não bastar a colocação dos dedos sobre uma mesa a fim de fazê-la mover-se, ou segurar um lápis a fim de escrever.

Acrescenta também que se engana aquele que supõe encontrar na obra uma receita universal e infalível para formar médiuns, pois que, conquanto cada um traga em

---

[57] KARDEC, Allan. *O Livro dos Médiuns*. 71ª ed. Rio de Janeiro: FEB, 2003, p. 03.

[58] *Id, ibid*, p. 13.

si o gérmen das qualidades necessárias para se tornar médium, as potencialidades existem em graus diversos e o seu desenvolvimento depende de causas que não nos é possível verificar à vontade. Diz consistir o objetivo da obra na indicação dos meios de desenvolvimento da faculdade mediúnica, tanto quanto o permitam as disposições de cada um, e, essencialmente, conduzir ao emprego útil da mediunidade, quando existente.

Sabemos que as manifestações mediúnicas crescem continuamente no mundo inteiro, não apenas dentro das atividades Espíritas, tornando-se cada dia mais importante compreender os fenômenos e suas peculiaridades. *O Livro dos Médiuns*, conquanto tenha sido escrito há mais de cem anos, é extremamente atual, não havendo, até hoje, outra obra que a tenha superado, sendo seguramente um tratado fundamentado na pesquisa científica e na experiência, além da valiosa contribuição teórica dos Espíritos na explicação de vários problemas ainda inacessíveis à pesquisa científica, motivo pelo qual o livro é indicado a todos que se dispõem às comunicações com o Mundo Espiritual.

18. O que é O Evangelho Segundo o Espiritismo?

É o terceiro volume da Codificação da Doutrina Espírita, sendo a primeira edição publicada em 29 de abril de 1864, inicialmente com o título de *Imitação do Evangelho*. Traz "a explicação das máximas morais do Cristo em concordância com o Espiritismo e suas aplicações às diversas circunstâncias da vida[59]", tratando da formulação das leis que regulam a vida do Espírito, indicando como o homem ou o Espírito deve ou não proceder,

[59] *Id. O Evangelho Segundo o Espiritismo*. 131ª ed. Brasília: FEB, 2013, p. 03.

essencialmente no tocante à conduta, condição única e verdadeira para a felicidade dos Espíritos.

A obra ocupa-se do desenvolvimento dos tópicos religiosos de *O Livro dos Espíritos*, constante da terceira parte do libro, referente às Leis Morais, representado um manual de aplicação moral do Espiritismo. José Herculano Pires[60], em sua tradução de *O Livro dos Espíritos*, na parte intitulada "Explicação", informa ter Kardec, em 9 de agosto de 1863, recebido uma comunicação dos seus Guias sobre a elaboração deste livro, afirmando que ele teria influência considerável, pois explanaria questões de interesse capital, de modo que não apenas o mundo religioso encontraria nele as máximas de que precisava, mas também as nações hauririam instruções excelentes.

Kardec não realizou nova tradução do Evangelho, preferiu utilizar a versão francesa mais respeitável e difundida à época. Ignorou a ordem cronológica e separou os trechos que poderiam constituir um código moral universal, sem distinção de cultos, mantendo o que considerava útil e suprimindo o que não se coadunava com o assunto tratado. Além disso, agrupou as máximas segundo a sua natureza, de forma metódica, de modo que umas fossem consequências das outras, indicando a numeração dos capítulos e dos versículos de cada trecho citado. Além disso, explica as passagens obscuras, trazendo seus desdobramentos e consequências[61].

Embora as matérias contidas nos Evangelho abordem cinco aspectos (os atos comuns da vida de Jesus, os milagres, as profecias, as palavras que serviram para o estabelecimento dos dogmas da Igreja e o ensino moral),

---

[60] KARDEC, Allan. *O Evangelho Segundo o Espiritismo*. Tradução de José Herculano Pires. 59ª ed. São Paulo: LAKE, 2003, p. 06.

[61] *Id, ibid*, p. 17.

Kardec organizou a obra apenas com o ensino moral do Cristo, parte que permanece inatacável e sem discussões, por isso seu conteúdo é destino a todos os cultos e crenças, bandeira sob a qual todos podem abrigar-se. A obra compõe-se de 28 capítulos, sendo 27 dedicados à explicação das máximas de Jesus, mostrando sua concordância com o Espiritismo e aplicação às diversas situações da vida humana. O último capítulo traz uma coletânea de preces Espíritas.

Podemos fazer os seguintes destaques acerca de *O Evangelho Segundo o Espiritismo*: o seu ensino moral é terreno onde todos os cultos podem reunir-se; as relações sociais que nele se fundam obedecem a mais rigorosa justiça; o roteiro que dele se depreende conduz à felicidade vindoura, esclarecendo e consolando; faculta a compreensão verdadeiro sentido dos pontos ininteligíveis dos Evangelhos, da Bíblia e dos autores sacros e; as instruções dos Espíritos são verdadeiramente as vozes dos céus que vêm esclarecer os homens e convida-los à prática do Evangelho.

Sua leitura e estudo, portanto, são imprescindíveis aos Espíritas e a todos que se preocupam com a formação moral das criaturas, sendo fonte inesgotável de orientações para que possamos verdadeiramente alcançar um mundo de amor, paz e fraternidade.

19. O que é O Céu e O Inferno?

É o quarto volume da Codificação da Doutrina Espírita, publicada em 01 de agosto de 1865. Nesta obra aborda-se a Justiça Divina segundo o Espiritismo, realizando um exame comparativo entre as Doutrinas acerca da passagem da vida corporal à Vida Espiritual, acerca das penalidades e recompensas futuras, dois anjos e dos demônios, das penas, entre outros, seguido de grande número de exemplos sobre a situação da alma durante e depois da morte[62]. Sem dúvida, é um livro de suma importância para todos os que desejam compreender a fundo os mecanismos da vida e da Justiça Divina.

Esta obra decorre da quarta parte, das "Esperanças e Consolações", capítulos 1 e 2 de *O Livro dos Espíritos*, colocando ao nosso alcance o mecanismo da Justiça Divina, em consonância com o princípio evangélico "a cada um segundo suas obras", dividindo-se em duas partes:

Na primeira traz um exame comparado das Doutrinas religiosas sobre a vida após a morte, abordando temas como morte de crianças, seres nascidos com deformações, acidentes coletivos, imortalidade da alma e reencarnação. Elucida ainda temas como anjos, céu, demônios, inferno, penas eternas, purgatório, temor da morte etc., trazendo ainda um código penal da vida futura (uma espécie de escrito, como um regimento) com trinta e três artigos, para explicar a situação do Espírito depois da desencarnação, informando os acontecimentos posteriores, o porquê da existência do sofrimento, quem o cria, como deve ser o comportamento do Espírito diante das três ferramentas de trabalho (o pensamento, a vontade e a inteligência) de modo q poder governar a sua existência. O Codificador desmistifica a ideia de regionalização do céu e do inferno, demonstrando não existirem lugares físicos, geográficos, no Universo, onde os Espíritos ficam.

A segunda parte, resultante de um trabalho prático, reúne dissertações de sessenta e seis Espíritos, casos reais, com narrações de Espíritos felizes, infelizes, Espíritos em condições medianas, sofredores, suicidas, criminosos e Espíritos endurecidos, oportunizando a leitor conhecer a

[62] KARDEC, Allan. *O Céu e o Inferno*. 61ª ed. Brasília: FEB, 2013, p. 03.

realidade da vida pós-morte e constatar o quão importante é trabalharmos nossa evolução e reforma íntima, almejando uma vida mais feliz no Plano Espiritual.

Dezessete destes casos trazem relatos de Espíritos felizes, informando como foi o momento da transição, do desencarne, com informações curiosas e de suma importância para o nosso aprendizado, para que possamos saber como devemos nos preparar para este momento. Seus depoimentos as de Espíritos medianos, nem muito cultos, nem totalmente ignorantes, mostrando qual é a sua situação. Dez relatos são de Espíritos que mostram o grau de sofrimento depois da desencarnação. Nove são depoimentos de suicidas. Cinco de criminosos conscientes. Cinco de endurecidos. E, por fim, quatorze de Espíritos que falam das suas expiações, quando passam por momentos de reflexão sobre os efeitos das causas que produziram quando encarnados.

Kardec, ao comentar a obra na Revista Espírita de 1865[63], diz ter nela reunido todos os elementos próprios para esclarecer o homem sobre o seu destino, nada tendo introduzido que fosse produto de um sistema preconcebido, ou de uma concepção pessoal, tendo tudo sido deduzido da observação e da concordância dos fatos. Acredita que o livro está ao alcance de todos, sendo facilmente compreendido, pois toca ao vivo certas questões, chegando na hora certa.

É um livro que deve ser lido, estudado, meditado, anotado e discutido. Além da análise Espírita cerca do céu e do inferno, aborda também a questão referente ao purgatório, que são construções teológicas da Doutrina Católica. Explica o porquê de existir essa configuração

[63] REVISTA Espírita, 1865. Setembro. *O Céu e o Inferno, ou a justiça divina segundo o Espiritismo.* Disponível em: https://bit.ly/2ogze0x Acesso em: 28 de agosto de 2018.

religiosa, importando conhecer como foram construídos estes pensamentos teológicos sobre céu, inferno e purgatório. Sobre o purgatório, conquanto Jesus não tenha falado sobre o tema, sendo uma criação do Catolicismo, Kardec resolveu pela sua inclusão e estudo nesta obra.

O ser humano, via de regra, não se prepara muito para o momento do seu desencarne, o que é lamentável. Sabemos que num certo momento o homem precisará se desligar dos vínculos que o prendem ao mundo material e, quanto mais entendimento tiver da vida após a morte, melhor será a sua condição no mundo dos Espíritos. Assim, vemos o quão necessário é o conhecimento e o estudo da obra *O Céu e o Inferno.*

20. O que é A Gênese?

É a quinta obra da Codificação da Doutrina Espírita, tendo sido publicada em 06 de janeiro de 1868. Neste livro, Kardec aborda questões de ordem filosófica e científica, como a criação do Universo, a formação dos mundos, o surgimento do Espírito, os milagres e as predições segundo o Espiritismo, entre outros.

A estruturação da obra foi influenciada por temas abordados em *O Livro dos Espíritos*. Da primeira parte – das causas primárias, utilizou-se os itens referentes aos elementos gerais do Universo, criação e princípio vital; da segunda parte – do mundo Espírita, foram usados os itens quanto à intervenção dos Espíritos no mundo corporal, das ocupações e missões dos Espíritos e dos três reinos e; da terceira parte – das Leis Morais, necessárias foram as abordagens das leis de conservação e de destruição.

A Gênese proporciona uma imersão em grandes temas de interesse universal, sempre baseada numa lógica racional e reveladora, dividindo-se em três partes: *primei-*

ra, oportunidade em que se estuda a origem do planeta Terra, de forma coerente e sem interpretações misteriosas e mágicas; *segunda*, quando aborda os milagres do Evangelho como fenômenos naturais, explicando o que teria realmente acontecido; *terceira*, tratando das predições do Evangelho, dos sinais dos tempos e da geração nova.

A Gênese possui um conteúdo científico, especialmente na parte em que se aborda a formação do mundo. Na época em que *A Gênese* foi elaborada, a ciência estava se desenvolvendo. Kardec foi contemporâneo de Charles Darwin, e tanto a Teoria da Evolução quando *A Gênese* foram lançadas no mesmo período, incorporando Kardec, de certa maneira, a Teoria da Evolução das Espécies de Darwin.

Como visto, o desencadeamento lógico de Kardec ao longo da primeira obra permeia por todas as fases evolutivas da humanidade e do mundo, culminando, em seu último capítulo, num tema conhecido por transição planetária. O Codificador discorre acerca da necessidade de uma renovação da humanidade, com a substituição dos Espíritos ainda renitentes no mal por outros que contribuirão, juntamente com os que permanecerem, para a elevação do nosso planeta, hoje classificado como um mundo de provas e expiações, mas que está em transição para se tornar um mundo de regeneração.

Um fato interessante, recente e pouco conhecido é que a quinta edição de *A Gênese* teria disso adulterada, inclusive com a exclusão de conceitos doutrinários firmados por Allan Kardec. Esses conceitos teriam ficado desconhecidos por 150 anos. Em vida, Kardec publicou quatro edições idênticas à primeira, no decurso do ano de 1868. Entretanto, desencarnou em março do ano seguinte e, em 1872, comandando a continuidade das obras de Allan Kardec, Pierre Gaetan Leymarie, possível dissidente inconformado com os conceitos fundamentais apresentados em *A Gênese*, teria realizado exclusões ao texto original e publicado uma quinta edição revisada, corrigida e aumentada que não correspondia à original[64].

Teria havido em torno de 300 adulterações à obra inicial, entre supressões, acrescimentos, alterações do sentido, inversões de palavras. Em 1884, em artigo intitulado "A Infâmia", Henri Sausse, contando com a colaboração de Gabriel Delanne, Léon Denis, Berthe Froppo, casal Rousen e diversos outros amigos, médiuns e pesquisadores aliados de Allan Kardec, denunciam a alteração, contudo, como Leymarie detinha o poder sobre as obras, negou o fato e autorizou a tradução tão-somente da edição modificada.

No Brasil, quase todas as traduções desde 1882 existentes foram feitas a partir do texto modificado. Carlos de Brito Imbassahy, no ano de 1998, de posse da versão original de *La Gènese*, terceira edição, percebeu as modificações e elaborou uma tradução do texto original, entretanto seus protestos não tiveram repercussão.

O presidente da Confederação Espiritista Argentina, Gustavo Martínez, questionou a pesquisadora Simoni Privato sobre a polêmica, indo a mesma pesquisar nos Arquivos Nacionais e na Biblioteca Nacional da França, encontrando documentos oficiais que comprovariam a adulteração, estando o relato inteiro constante da obra *El Legado de Allan Kardec*.

Em maio de 2018, houve o lançamento de uma edição comemorativa aos 150 anos da obra *A Gênese*, devida-

[64] TV MUNDO MAIOR. *A alteração de "A Gênese"*. Disponível em: <htpps://bit.ly/2ohhxpQ>. Acesso em: 17 de junho de 2018.

mente conforme a redação original de 1868, com a tradução primorosa do professor Imbassahy e notas do autor e pesquisador Espírita Paulo Henrique de Figueiredo.

A Federação Espírita Brasileira - FEB, sobre o tema, emitiu em 29.01.18 comunicado sobre a questão, afirmando que após cuidadosa análise comparativa entre os textos da terceira e da quinta edição, chegou à conclusão de que as modificações realizadas só poderiam ter sido feitas pelo próprio Codificador, com o intuito de aprimorar a obra, tornando-a mais clara em algumas passagens. Assevera a FEB:

> Tais anotações demonstram, de maneira cristalina, o cuidado, o empenho, o compromisso de Allan Kardec em aperfeiçoar toda sua obra. Erros tipográficos e de francês foram corrigidos, palavras inadequadas foram substituídas, frases importantes foram destacadas em itálico, numerações repetidas de parágrafos foram sanados, alguns parágrafos foram deslocados de posição para melhor se adequarem ao encadeamento das ideias que estavam a ser expostas, passagens repetidas ou já desenvolvidas em outras obras foram suprimidas, inclusive algumas de certa extensão, subtítulos e novos itens foram acrescentados, mas tudo sem ferir a harmonia do conjunto e sem atentar contra o conteúdo doutrinário dos ensinamentos revelados pelos Imortais[65].

E continua a Federação:

> Estilo! Quem não reconhecerá o estilo peculiar de Allan Kardec nas alterações - e não adulterações! - existentes na 5ª edição francesa de A gênese? A clareza, a concisão, a objetividade, o encadeamento lógico das ideias, a urbanidade e a elegância na forma

[65] FEDERAÇÃO ESPÍRITA BRASILEIRA. *A Gênese, os milagres e as predições segundo o Espiritismo*. Disponível em: https://www.febnet.org.br/wp-content/uploads/2018/01/Edi%C3%A7%C3%A3o-definitiva-de-A-G%C3%AAnese.pdf. Acesso em: 17 de outubro de 2021.

> de escrever são absolutamente os mesmos observados no conjunto de sua obra, aspectos que até podem ser imitados por outros, mas sem o brilho da sua mente privilegiada, sem o alcance nem a profundidade verificados nos demais livros da Codificação Espírita.
>
> Não há, pois, na 5ª edição francesa, até prova definitiva em contrário, nada que contrarie os princípios espíritas, exarados nas obras precedentes do mesmo autor, de modo que as supressões que ocorreram, assim como os acréscimos a ela juntados, estão de pleno acordo com o pensamento de Allan Kardec[...][66].

Portanto, conquanto exista a possibilidade de a adulteração ter sido feita, não há provas concretas de que tais modificações não tenham sido feitas pelo próprio Codificador. Em verdade, estudando ambas as edições, observa-se que a unidade do conjunto e dos princípios espíritas foram mantidos, o que é o mais importante. Assim, finalizamos as considerações com as sábias palavras do historiador Felipe Gonçalves, quando assevera:

> O conhecimento científico é construído através de metodologias adequadas e critérios bem definidos. E a consulta das fontes até aqui apresentadas não nos permite concluir se as alterações foram feitas por Bittard, Desliens, Leymarie, o próprio Allan Kardec ou outra pessoa. Até o presente momento, não é possível afirmar se as alterações foram adulterações. Do mesmo modo, os debates entre os espíritas do período também nada provam. Tais documentos não podem ser aceitos de maneira acrítica, como se representassem a verdade dos fatos. A historiografia contemporânea tem uma relação crítica e problematizadora com as fontes históricas. Diante dessa polêmica, creio ser importante recordar de uma

[66] *Id., Ibid.*

máxima de Allan Kardec: "Na ausência dos fatos, a dúvida é a opinião do homem sensato[67]".

21. O que são as obras complementares?

Além das cinco obras básicas estudadas nas perguntas anteriores, Allan Kardec publicou mais cinco obras complementares: *Revista Espírita* (1858-1869), *O que é Espiritismo* (1859), *O Espiritismo em sua Expressão Mais Simples* (1862), *Viagem Espírita* (1862) e *Obras Póstumas* (1890). No Brasil, outras obras menos conhecidas também foram publicadas, como *O Principiante Espírita* (1993) e *A Obsessão* (1969).

Dentre todas as obras citadas, vamos conhecer mais detalhadamente *O Que é o Espiritismo, Obras Póstumas* e *Revista Espírita. O que é o Espiritismo* é a primeira das obras complementares. Trata de forma introdutória e bem didática sobre a Doutrina Espírita, sendo muito útil para o conhecimento da natureza do Espiritismo e a definição de seus pontos fundamentais. A obra é dividida em três capítulos. No primeiro, Kardec apresenta diálogos com um crítico, um cético e um padre, trazendo respostas àqueles que desconhecem os princípios básicos da Doutrina, bem como apropriadas refutações aos seus contraditores. No segundo, expõe partes da ciência prática e experimental, sendo um resumo de *O Livro dos Médiuns*. No terceiro, apresenta um resume de *O Livro dos Espíritos*, com a solução trazida pela Doutrina Espírita, de problemas de ordem psicológica, moral e filosófica.

[67] ESPIRITUALIDADE E SOCIEDADE. *A polêmica da Gênese*. Disponível em: <http://www.espiritualidades.com.br/Artigos/i_autores/incontri_dora_tit_polemica_da_genese-a.htm>. Acesso em: 23 de outubro de 2021. A fala de Kardec referenciada por Felipe encontra-se no item VII da Introdução de O Livro dos Espíritos.

Obras Póstumas foi a segunda das obras complementares constituindo ao lado das obras que foram o Pentateuco Kardequiano, valiosa contribuição ao esclarecimento de vários temas fundamentais do Espiritismo. Refere-se a uma compilação das observações e escritos de Allan Kardec, que ainda não haviam sido publicados, sendo lançada pelos dirigentes da Sociedade Parisiense de Estudos Espíritas em janeiro de 1890, vinte e um ano após a desencarnação de Kardec. O livro ainda conta com uma excelente biografia do Codificador, publicada originalmente na *Revue Spirite*, seguida do discurso pronunciado por Camille Flammarion quando do seu sepultamento. É dividido em duas partes. A primeira parte da obra foi destinada a um conjunto de artigos escritos por Allan Kardec em épocas diversas, cuja análise envolvia assuntos como o perispírito, transfigurações, sonambulismo, telepatia e algumas análises acerca das manifestações dos Espíritos, como também, temas sociais e filosóficos, oportunidade em que realizou estudos, dentre outros, sobre a natureza do Cristo. Nesse ponto, considerando o dogmatismo religioso que acredita na tese da Trindade Universal, sendo Pai, Filho e Espírito Santos três pessoas numa só, o corpo de Cristo teria sido fluídico e não material, corpóreo. Kardec, procurando investigar as palavras ditas por Cristo, conclui serem Cristo e Deus de naturezas distintas.

Na segunda parte do livro existem várias transcrições de reuniões mediúnicas presenciadas por Kardec, versando essencialmente sobre o desenvolvimento das ideias Espíritas, sua divulgação e sua influência nas sociedades europeias. Constam, ainda, muitas notas explicativas do Codificador acerca do contexto em que as comunicações ocorreram, dando margem à ideia de que se tratava de uma nova obra que vinha sendo por ele compilada.

A leitura desta obra oportuniza-nos conhecer mais detalhadamente a ideia de Kardec quanto a variados temas de ordem filosófica, moral e religiosa, sua iniciação no Espiritismo, a revelação de sua missão, a identificação de seu Guia Espiritual, a música celeste, a natureza do Cristo, a regeneração das artes pelo Espiritismo, as manifestações dos Espíritos, telegrafia do pensamento, entre outros.

A *Revista Espírita*, designada por Kardec como Jornal de Estudos Psicológicos, foi fundada em 1 de janeiro de 1858 e editada até 31 de março de 1869, em decorrência do falecimento do Codificador, sendo composta por doze volumes referentes aos anos de 1858 a 1869.

É um manancial de informações para o estudante do Espiritismo, pois nela Kardec explicou, à luz da Doutrina Espírita, fatos que aconteciam na época, publicando mensagens, escrevendo artigos, refutando os detratores do Espiritismo etc. Nela, Kardec desenvolvia o debate de ideias que seriam, após consolidadas, inseridas nas obras da Codificação, publicadas após *O Livro dos Espíritos*. Kardec, inclusive, em *Obras Póstumas*[68], Assim se refere à *Revista Espírita:*

> A *Revista* foi, até agora, e não podia deixar de ser, uma obra pessoal, visto que fazia parte das nossas obras doutrinárias, constituindo os anais do Espiritismo. Por seu intermédio é que todos os princípios novos foram elaborados e entregues ao estudo. Era, pois, necessário, que conservasse seu caráter individual para que se estabelecesse a unidade.

[68] KARDEC, Allan. *Obras Póstumas*. Rio de Janeiro: FEB, 2005, p. 457.

Contém o relato das manifestações materiais ou inteligentes dos Espíritos, aparições, evocações, bem como todas as notícias relativas ao Espiritismo. Traz, entre vários outros temas, o ensino dos Espíritos sobre as coisas do mundo visível e do invisível, sobre as ciências, a moral, a imortalidade da alma, a natureza do homem e o seu futuro, bem como a história do Espiritismo na Antiguidade, suas relações com o magnetismo e com o sonambulismo, a explicação das lendas e das crenças populares e da mitologia de todos os povos.

Capítulo IV
Deus

22. Que é Deus?

Não é simples definir Deus, mas tentaremos aqui buscar uma compreensão mais abrangente da ideia de Deus. Embora ainda nos seja difícil defini-Lo ou provar a sua existência, temos condições de senti-Lo e de intui-Lo em nossa mente e nossos corações.

Deus é um dos conceitos mais antigos e fecundos do patrimônio cultural da humanidade. Deriva do indo-europeu *deiwos*, que significa resplandecente ou luminoso. Originalmente designava os astros celestes, como o Sol, a Luz, as estrelas, etc., por oposição aos humanos, terrestres por natureza. A visão histórica mostra que vários conceitos de Deus, aceitos em um determinado período, foram sendo abandonados na medida em que deixaram de atender às expectativas das pessoas e de seus grupos sociais.

A antiga Doutrina cristã afirma que Deus revelou-se aos antepassados do povo de Israel por meio das comunicações pessoais que lhes deram uma noção verdadeira, porém incompleta do Deus único, infinito e eterno. Posteriormente, no decurso de sua história, o povo foi alcançando gradualmente uma ideia mais adequada e estável acerca da natureza e dos atributos de Deus.

Todas as raças da Terra devem aos Judeus esse benefício sagrado que consiste na revelação do Deus único, Pai de todas as criaturas e providência de todos os seres. A missão de Moisés foi tornar acessíveis ao sentimento popular as grandes lições que os demais iniciados eram compelidos a ocultar.

Deus, com o passar dos séculos, foi aos poucos deixando de ser um deus entre muitos deuses. Deixou de ser o Deus de um só povo, o que comandava os exércitos e esmagava seus inimigos. Deixou de ser o Deus imprevisível em suas ações, que a todos castigava. Deixou de ser o Deus que provocava medo e controlava a vida das pessoas. Deixou e ser o Deus de uma Igreja, refém de concepções doutrinárias e dogmáticas.

A verdade é que damos a Deus a extensão de nossa visão. Quanto mais primitivo formos, mais O associamos às coisas palpáveis, como trovão, tempestade, entre outros. À medida que progredimos no campo da Espiritualidade, damos-Lhe a conotação de energia, de criação, de infinito, de coisa indefinível.

Em *A Gênese*, consta a informação de não ser dado ao homem sondar a natureza íntima de Deus, pois para que seja possível ao homem compreendê-Lo, ainda nos falta o sentido próprio e que somente com a depuração completa do Espírito conseguiremos adquiri-lo[69]. Destaca, também, ser parte mais importante da revelação do Cristo o ponto de vista completamente novo da Divindade trazendo à consciência da humanidade um Deus clemente, soberanamente justo e bom, cheio de mansidão e misericórdia,

---

[69] *Id. A Gênese.* 53ª ed. Brasília: FEB, 2013, p. 51.

aquele Pai comum do gênero humano que estende sua proteção por todos os seus filhos e os chama todos a si[70].

Para o Espiritismo, Deus é o Criador do Universo. Portanto, admite a tese monoteísta. Faz-se mister compreendermos que Deus não está limitado à humanidade, ao planeta Terra ou à Via Láctea. Ele abrange todas as coisas, todos os seres vivos, inteligentes ou não, encarnados ou desencarnados do Universo, estende-se pelo Cosmo e o mantém organizado e ordenado. Para a Doutrina Espírita, o Universo é estruturado, as coisas não ocorrem ao acaso, havendo em tudo causalidade, inteligibilidade, significado e perdão.

Interessante que na primeira pergunta de *O Livro dos Espíritos*, Kardec questiona: "Que é Deus?", e não "Quem é Deus?", visto que seria uma pergunta a nos recordar a figura de um Deus antropomórfico, aos moldes do Antigo Testamento, como um homem de sumo poder e dotado das qualidades e defeitos dos outros homens, o que não faria sentido. É essa ideia que muitas pessoas rejeitam, um Deus vingativo, colérico, arbitrário, interessado em receber honras e homenagens, e fazendo questão de punir eternamente quem não O obedeça.

Conquanto ainda não nos seja possível uma definição completa de Deus – considerando ser nossa linguagem insuficiente para definir o que está acima da nossa inteligência e capacidade de compreensão – Kardec, ao questionar os bons Espíritos em várias partes do mundo, obteve o seguinte esclarecimento: "Deus é a inteligência suprema, causa primária de todas as coisas[71]". Acima de todas as inteligências que existem no Universo está, portanto, a inteligência Divina. Ele criou tudo o que existe: o mundo

[70] *Id, Ibid*, p. 26.

[71] KARDEC, Allan. *O Livro dos Espíritos*. 93ª ed. Brasília: FEB, 2013, questão 01, p. 55.

material e o imaterial, os Espíritos encarnados e desencarnados.

Em nosso relacionamento com Deus, muitas vezes acreditamos encontra-Lo nos templos religiosos. Reflitamos: Se Deus é Espírito, Ele está em todos os lugares, dentro e fora dos templos, por isso precisamos ser verdadeiros diante dos ensinamentos evangélicos, no lar, no trabalho, na rua e no trânsito. Nos templos buscamos o entendimento e o fortalecimento para enfrentarmos os problemas, as dores, as aflições que aparecem em nossas vidas, mas não exatamente Deus.

Aspecto importante a ser mencionado é que Jesus não foi Deus encarnado. Em vários momentos Jesus deixou claro que Ele não era Deus, como por exemplo em seu momento final na Terra, quando disse: "Pai, nas tuas mãos entrego meu Espírito". Mesmo após a sua morte e ressurgimento Espiritual, Jesus continua a demonstrar, com suas palavras, que permanece a dualidade e desigualdade entre eles e Deus: "Subo para meu Pai e vosso Pai, para meu Deus e vosso Deus[72]".

Após a vinda de Jesus, uma nova ideia de Deus nos foi mostrada. Deus não castiga e nem julga cada ato das pessoas. *Deus é amor*. Deus faz leis que regem a vida universal e, para cada ato há uma consequência que vem naturalmente e automaticamente, que é o que chamamos de Lei de Causa e Efeito. As Leis Divinas devem ser seguidas, mas quando transgredimos uma delas, sofremos as consequências. Não é Deus que castiga, apenas estamos sendo responsabilizados pela lei Dele, ou melhor, colhendo o que plantamos.

Muitos fieis questionam se nós veremos Deus após a desencarnação. Segundo afirmação de João em sua epís-

[72] João, 20:17.

tola, “ninguém jamais viu a Deus”. E por que não? Porque “Deus é Espírito”, assim ensinou Jesus à mulher samaritana[73] e, como tal não pode ser percebido pelos sentidos comuns e materiais. Não podemos ver Deus com os olhos do corpo.

Em *O Livro dos Espíritos*[74], Kardec questiona se “o homem pode compreender a natureza íntima de Deus”, os Espíritos respondem: Não. Falta-lhe, para tanto, um sentido”. Embora nos seja invisível, Deus não nos é totalmente desconhecido. Não se mostra aos olhos do corpo, contudo se faz evidente ante nossa compreensão por todas as suas obras (a Criação) e podemos senti-Lo espiritualmente, nas vibrações do Seu infinito amor. Encontramos Deus em nossa experiência mais íntima, quando nos dirigimos a Deus com humildade e simplicidade de coração, com o bom ânimo de atender primeiramente à Sua vontade e não à nossa. Os Espíritos Superiores dizem que a visão de Deus constitui prerrogativa das mais purificadas almas, e que bem poucas, ao deixarem o envoltório terrestre, encontram-se no grau de desmaterialização necessário a tal efeito. Quanto mais desenvolvermos nosso conhecimento e sensibilidade Espiritual, mais ‘veremos’ a Deus, percebendo, entendendo e sentindo sua Divina presença e ação em tudo o que existe. “Bem-aventurados os puros de coração, porque verão a Deus[75]”.

23. Quais as provas da existência de Deus?

A prova da existência de Deus está num axioma: “Não há efeito sem causa, tudo que não é obra do homem é

[73] João 4:24.

[74] KARDEC, Allan. *O Livro dos Espíritos*. 93ª ed. Brasília: FEB, 2013, questão 10, p. 57.

[75] Mateus 5:8.

obra de Deus[76]". Sendo Deus a causa primária de todas as coisas, a origem de tudo o que existe, a base sobre a qual repousa o edifício da criação, é também o ponto a ser considerado, antes de tudo, resultando disso que todos os efeitos impossíveis de serem criados pela humanidade são exemplos desta causa inicial, a qual se chama Deus, Jeová, Alá, Fo-Hi, Grande Espírito etc.

Para a compreensão do axioma precisamos aceitar não se produzirem os efeitos ao acaso, de modo fortuito. Desde a organização do mais pequenino inseto até a lei que rege os mundos circundantes no espaço infinito do Universo, tudo atesta e comprova uma perfeita combinação, só podendo originar-se de uma inteligência Divina e Superior que ultrapassa todas as combinações e potências humanas. A causa é, pois, soberanamente inteligente.

Desta feita, para a crença em Deus basta o ser humano olhar para as obras da Criação. Existindo o Universo, deve o mesmo ter tido uma causa. Duvidar da existência do Pai é negar ter todo efeito uma causa, é aceitar poder o nada fazer alguma coisa. Portanto, quando se lança um olhar em torno de si, sobre as obras da natureza, reconhece a criatura não haver nenhuma que não ultrapasse os limites da mais potente inteligência humana superior, a menos que se sustente haver efeito sem causa. A existência de Deus é, assim, uma realidade comprovada não só pela revelação como pela evidência dos fatos.

O sentimento instintivo que todos os homens têm da existência de Deus é também uma prova de sua existência e uma consequência do princípio "não há efeito sem causa". Este sentimento não é fruto de uma educação ou resultado de ideias adquiridas, encontrando-se mesmo

[76] KARDEC, Allan. *O Livro dos Espíritos*. 93ª ed. Brasília: FEB, 2013, questão 4, p. 56.

entre os selvagens, a quem nenhum ensino foi ministrado a respeito.

Pode-se questionar se a causa primária da formação das coisas não estaria nas propriedades íntimas da matéria e não numa inteligência superior a presidir tudo. Reflitamos. Seria sempre indispensável uma causa primária inteligente a permitir que as mesmas tudo produzissem de modo que atribuir tal possibilidade às suas propriedades significa tomar o efeito pela causa. Atribuir a formação primária das coisas a uma combinação fortuita da matéria, ao acaso, também é possível, visto ser o acaso cego e não poder produzir os efeitos que a inteligência produz. O acaso é o nada e esse não existe[77].

24. Quais os atributos de Deus?

É sabido não ser dado ao homem sondar a natureza íntima de Deus, pois para compreendê-Lo, ainda nos falta um sentido próprio, que só se adquire por meio da completa depuração do Espírito. Contudo, não sendo possível penetrar na essência de Deus, o homem, desde que admita Sua existência, pode, pela razão, chegar a conhecer-Lhe os atributos necessários.

Na infância da Humanidade, muitas vezes o homem confundiu Deus com a criatura, atribuindo-Lhe até mesmo imperfeições. À medida que se desenvolve evoluindo intelectualmente e moralmente, o seu pensamento compreende melhor o âmago das coisas e passa a ter um pensamento mais justo e correto de Deus e, ainda que incompleto, mais próximo da verdade.

Como atributos de Deus, pode-se dizer ser Ele a *suprema e soberana inteligência, imutável, imaterial,*

[77] *Id, ibid*, questão 08, p. 57.

único, onipotente, soberanamente justo e bom. Tudo isto, por certo, não expressa exatamente todas as capacidades da Divindade, mas é o que a nossa capacidade intelectiva pode, no momento, conceber quanto à Divindade.

A razão diz que Deus deve possuir em grau supremo essas qualidades, porquanto se uma lhe faltasse, ou não fosse infinita, Ele não seria superior a tudo, não seria, por conseguinte, Deus. Logo, para encontrar-se acima de tudo, é condição indispensável estar isento de qualquer vicissitude e de qualquer das imperfeições que a imaginação conceba.

A Espiritualidade Superior orienta que, embora tais atributos não revelem a totalidade das características de Deus – visto haver verdades ocultas da Terra e superior à inteligência dos homens – eles são suficientes para fornecer uma ideia completa de Deus. Ressalta que nossa razão informa dever Deus possuir estas perfeições em grau supremo, pois em as havendo numa condição menos, não seria superior a tudo e, consequentemente, não poderia ser Deus[78].

Comentando acerca dos atributos de Deus, Kardec[79] elucida que é *eterno*, pois caso houvesse um começo, teria saído do nada ou sido criado por uma inteligência anterior, de modo que não poderia ser Deus, auxiliando-nos tal raciocínio a compreender a infinidade e a eternidade do Criador. É *imutável*, pois a partir do momento que estivesse sujeito a alterações, Suas leis universais não teriam estabilidade. É também *imaterial*, diferindo sua natureza de tudo o que se pode chamar hoje de matéria pelo homem terreno, caso contrário não seria imutável e estaria sujeito às transformações da matéria.

---

[78] *Id, ibid*, questão 13, p. 58.

[79] *Id, ibid*, questão 08, p. 57.

Deus é único, pois sem tal atributo não haveria unidade de pensamento e de poder na organização do Universo, não podendo haver vários deuses. Ele é todo-poderoso, sendo o único detentor de poder soberano, não podendo existir outra inteligência mais ou tão poderosa quanto Ele. Nesse caso, tudo seria, na verdade, obra de outro Deus. Por fim, o Criado é *soberanamente justo e bom*, revelando-se a sabedoria de Suas leis nas mínimas e maiores coisas, não nos sendo possível duvidar da Sua justiça e nem da Sua bondade.

Acerca deste último atributo, Deus não poderia ser simultaneamente mau e bom, porque a indisposição de qualquer dessas duas qualidades no grau supremo não Lhe conferiria a natureza de ser Deus. Desta feita, considerando as Suas obras testemunho de Sua sabedoria, da Sua bondade e da Sua solicitude, conclui-se, necessariamente, ser Ele infinitamente bom.

A soberana bondade implica na soberana justiça, porquanto, se Ele agisse injustamente ou com parcialidade, num único momento ou com um só de Seus filhos, não seria soberanamente justo e, logo, não seria soberanamente bom. O Espírito Miramez[80], em suas observações sempre tão oportunas, adverte que as qualidades de Deus têm o toque das nossas comparações pálidas, por não haverem outras em que tenhamos a condição de nos apoiar, sujeitando Deus às nossas deduções pequenas.

Destaca que, quando dizemos ser Deus a Suprema Inteligência, é pelo fato de não haver recursos na linguagem para destaca-Lo de outra forma, pois na verdade a inteligência e a razão são posses do Espírito comum e o *Criador está acima de todas as colocações humanas, e*

[80] *O Livro dos Espíritos* comentado pelo Espírito Miramez. Disponível em: https://bit.ly/2MDnRH4 . Acesso em:19 de junho de 2018.

mesmo Espirituais, do nosso plano. Mesmo quando afirmamos ser Deus Amor, seguramente ainda diminuímos o Grande Foco de Luz que nos sustenta, sendo o amor um dos Seus atributos. Ele mesmo é muito mais que o amor, é o Incomparável. Lembra que a magnitude de Deus ofusca todas as luzes, Sua bondade inspira todas as bondades do Universo, sendo Seu amor o alimento de toda criação.

Deus é, portanto, a inteligência suprema e soberana, é único, eterno, imutável, imaterial, onipotente, soberanamente justo e bom, infinito em todas as qualidades, não podendo ser de outra maneira. A religião perfeita, se assim pode-se designar, é aquela que não se opõe a essas assertivas sobreditas, em cujos dogmas todos as constatem.

25. Quem é Jesus?

É o ser humano mais perfeito que Deus ofereceu para servir de modelo e guia, constitui o tipo de perfeição moral a que podemos aspirar na Terra[81]. É um Espírito como nós, mas que progrediu e alcançou a perfeição, com um grau de evolução muito longe da nossa realidade, sendo dotado de amor, inteligência, evolução moral e intelectual desenvolvidos há milênios.

Não precisava ter encarnado na Terra, mas veio nos ensinar a lei do amor pelo exemplo. Nenhum ensinamento ficou sem o seu testemunho pessoal. Religião, com Ele, é um novo modo de se viver e de se relacionar com o próximo, em todos os momentos. Segundo observações do Espírito Áureo, no livro *Universo e Vida, Jesus – O Cristo Planetário*, para se apresentar visível e tangível na superfície da crosta terráquea, teve de aceitar voluntariamente intraduzível tortura cósmica, indizível e imensa,

[81] KARDEC, Allan. *O Livro dos Espíritos*. 93ª ed. Brasília: FEB, 2013, questão 625, p. 297.

ainda que quase de todo inabordável ao entendimento humano.

Assevera o autor que, inicialmente, obrigou-se Jesus à necessidade de abdicar, por espaço de tempo para nós longuíssimo, de sua natural ilimitação de Espírito Cósmico e ao seu trono no Sol, sede do Sistema, precisando transferir-se do centro estelar para a fotosfera, local onde seria possível o primeiro e doloroso mergulho na matéria por meio do revestimento consciente do seu mentespírito com um tecido energético de fótons.

Posteriormente, foi preciso imergir no próprio bojo do universo, utilizando vastos potenciais eletromagnéticos da ionosfera para transformar seu manto fotônico em léptons e em quarks formadores de mésons e bárions, tendo assim condições de estruturar átomos ionizados. Finalmente, para concluir a tão dolorosa operação de tangibilidade, revestiu o corpo iônico com uma túnica molecular muito sutil, feita à base de ectoplasma, combinado com células vegetais recolhidas principalmente de vinhedos e trigais[82].

Jesus é, sem sombra de dúvida, um Espírito acima de média, tendo caminhado entre nós num exemplo de amor nunca antes visto. Kardec manifesta-se informando ter Deus O oferecido como modelo à humanidade, representando a Doutrina por ele ensinada expressão mais pura da lei do Senhor, além de ter sido o mais puro de todos que apareceram na Terra, pois o Espírito Divino o animava[83].

É mister ressaltar que o Espiritismo compreende que o significado maior de Jesus se encontra em seu exemplo de vida, mostrando-nos um novo padrão de comportamento. Pela força de se exemplo deu significado inigualável,

---

[82] SANTANNA, Hernani T. *Universo e Vida*. Espírito Áureo. Rio de Janeiro: FEB, [2015?], p. 56.

[83] *Id, ibid*, p. 298.

até hoje, à sua existência, mas não pelos mitos ou interpretações e dogmas agregados a sua mensagem, mas pela vivência do amor.

Outro fato importante é que o Espiritismo traz uma ideia mova acerca dos milagres de Jesus, não vendo neles algo de sobrenatural ou miraculoso, pois isso não existe para a Doutrina Espírita, fazendo tudo parte das leis naturais de Deus, tão somente ainda desconhecidas pelos homens. Jesus, em virtude do seu conhecimento e capacidade mediúnica, acabou sendo interpretado, pelo desconhecimento das pessoas à época, como o realizador de acontecimentos maravilhosos e fantásticos.

O Espírito Miramez[84], comentando a pergunta 624 de *O Livro dos Espíritos*, afirma ser Jesus ‘modelo da humanidade”, asseverando que o Mestre dos mestres é realmente o modelo no qual os homens devem se inspirar, caminhando com passos firmes em direção à luz. Destaca que Kardec, ao formular a pergunta, provavelmente imaginou todos os grandes personagens da história universal, testando um e outro, contudo os Espíritos, tirando qualquer dúvida, afirmaram que somente Jesus era e é o guia de todos os povos. Lembra ainda que o próprio Mestre, em João 8:12 disse ser a luz do mundo e que quem O seguisse não andaria nas trevas, mas ao contrário, teria a luz da vida.

Destaca estar na consciência de todos os seres a certeza de que Jesus é o Pastor de todo o rebanho humano, razão pela qual afirma que a Doutrina Espírita sem Jesus perde seu valor, desfaz-se nas brumas do tempo, esquecendo a sua fonte sustentadora de vida. Outra informação muito relevante acerca de Jesus conta no livro *A*

[84] *O Livro dos Espíritos* comentado pelo Espírito Miramez. Disponível em: <htpps://bit.ly/2My-1Vx4>. Acesso em: 09 de junho de 2018.

Caminho da Luz, ditado por Emmanuel, psicografia de Chico Xavier, constando fazer Jesus parte de uma comunidade de Espíritos Puros e eleitos pelo Senhor Supremo do Universo, em cujas mãos encontram-se as rédeas diretoras da vida de todas as coletividades planetárias[85].

Na mesma obra podemos constatar que Jesus, à época da formação do nosso planeta Terra, já era um Espírito puro e perfeito, considerando ter operado como construtor do nosso planeta desde o início da sua formação, há cerca de quatro bilhões e meio de anos. Ele "organizou o cenário da vida, sob as vistas de Deus, criando o indispensável à existência dos seres do porvir[86]".

Por oportuno, cabe trazer à baila alguns comentários de Kardec acerca da personalidade de Jesus, presentes na obra *A Gênese*[87]. Orienta que sem realizar prejulgamento acerca da natureza do Cristo e considerando-o, por hipótese, senão um Espírito Superior, não se pode deixar de reconhecer nele um Espírito da ordem das mais elevadas em função das suas virtudes que O colocam bem acima da humanidade terrestre. Pelos enormes resultados produzidos, Sua vinda a este mundo podia deixar de ser uma das missões confiadas, tão-somente aos diretos mensageiros da Divindade, para a realização de Seus desígnios. Supondo não ser Jesus o próprio Deus, diz Kardec, mas um de Seus enviados para transmitir Sua palavra, seria mais que um profeta, seria um Messias divino.

Acrescenta o Codificador que Jesus, como homem, Espírito encarnado, tinha a organização dos seres carnais, mas que como Espírito puro, devia viver muito mais na Vida Espiritual que na corporal, pois a superioridade de

---

[85] XAVIER, Francisco Cândido. *A Caminho da Luz*. Pelo Espírito Emmanuel. 22ª ed. Rio de Janeiro: FEB, [2015?], p. 273.

[86] *Id, ibid*, p. 15.

[87] KARDEC, Allan. *A Gênese*. 53ª ed. Brasília: FEB, 2013, p. 273.

Jesus em relação à humanidade não se referia às particularidades de seu corpo, mas às de seu Espírito, capaz de dominar a matéria de modo absoluto e também a seu perispírito, seguramente alimentado pela parte mais pura e quintessenciada dos fluidos terrestres. Lembra que os Espíritos Superiores podem vir aos mundos inferiores e aí encarnar, quando precisam desempenhar uma divina missão, como aconteceu com a vinda de Jesus, estando a Sua alma ligada ao corpo por laços estritamente indispensáveis, dando-Lhe uma vista dupla permanente, de penetração excepcional e muito superior às dos homens comuns.

Segundo Kardec, de todas as faculdades reveladas por Jesus, nenhuma estaria além das condições da humanidade, podendo ser encontrada também, nos homens, pois que fazem parte da natureza. Contudo, pela superioridade da essência moral de Jesus e de suas qualidades fluídicas, as faculdades atingiam proporções acima das do vulgo. Suas qualidades são as que caracterizam o estado dos Espíritos puros.

O significado da síntese que Jesus construiu a respeito da existência, do ser humano, da vida, pode ser avaliado em um pequeno resumo de suas ideias[88]:

> 1. Deus único é o Pai de todos (todos são iguais perante Deus).
>
> 2. Ame a Deus de todo o seu coração, de toda a sua alma e de todo o Espírito, e ame seu próximo como a si mesmo, essa é toda a lei e todos os profetas estão contidos nela.
>
> 3. Trate todos os homens da mesma forma que você gostaria de ser tratado.

[88] SOCIEDADE BRASILEIRA DE ESTUDOS ESPÍRITAS. *Jesus e a moral cristã*. Disponível em: https://bit.ly/2PbufSC. Acesso em: 09 de junho de 2018.

4. Ame seus inimigos e faça o bem àqueles que o odeiam e orem por aquele que o perseguem e caluniam.

5.Aquele dentre vocês que não tiver errado, que atire a primeira pedra.

6. Eu não digo que deva perdoar ao seu irmão até sete vezes, mas até setenta vezes sete.

7. Reconcilie-se com seu adversário enquanto estiver com ele no caminho.

8. Não julgue a fim de que não seja julgado.

9. Ninguém pode ver o Reino de Deus se não nascer de novo.

10. O homem não veio para ser servido, mas para servir e dar a sua vida pela de muitos.

11. Por que vê um cisco no olho de vosso irmão, você que não vê uma trave no seu olho?

12. Que a sua mãe esquerda não saiba o que faz a sua mão direita.

13. Não se acende uma candeia para coloca-la sob o alqueire, mas sobre o candeeiro a fim de que ela clareia todos aqueles que estão na casa.

14. Não há nada de secreto que não deva ser descoberta, nem nada de oculto que não deva ser conhecido.

15. Fora da caridade não há condições de se alcançar um conhecimento maior de si mesmo e da vida.

16. Bem-aventurados os que choram porque serão consolados; os que têm fome e sede de justiça, porque serão saciados; os humildes porque deles é o Reino dos Céus; aqueles que têm o coração puro porque verão a Deus; aqueles que são brandos porque possuirão a Terra; os

pacíficos porque eles serão chamados de filhos de Deus; aqueles que são misericordiosos porque eles próprios obterão misericórdia.

Portanto, Jesus é o caminho, a verdade e a vida, e praticando a sua mensagem caminhamos para a evolução e para a felicidade.

26. Quem é Maria?

É um dos Espíritos mais evoluídos e importantes da era cristão, por ter tido a missão de trazer Jesus ao mundo, e pela forma como sempre se conduziu, com amor, fé e sabedoria, mesmo no calvário. Maria, filha de Joaquim e Ana, nascida entre 18 ou 20 a.C. em Jerusalém ou Séforis, na Galileia, sendo seu nome Maria (ou Miriam) de origem hebraica, significando Senhora da Luz. Durante a infância, viveu em Nazaré, tendo possivelmente casado aos 14 anos com o carpinteiro José, da tribo de Davi.

Maria veio de Sírius, da Constelação do Grande Cão, juntamente com outros Espíritos missionários. Na condição de grandes guardiões, colocaram-se humildemente à serviço do Cristo Planetário, em amorosa colaboração. Foram os respeitáveis sacerdotes do antigo Egito, os nobres Mahatmas da velha Índia, Fo-Hi, Lao-Tsé, Confúcio, Buda, Esquilo, Heródoto, Sócrates, Moisés, João Evangelista, Paulo de Tarso (foi José, o Chanceler do Egito e Davi, em reencarnações anteriores), Ana e Simeão, Isabel e Zacarias; e José, o Carpinteiro. O "Sublime Governador da Terra utilizou-lhe os préstimos e honrou-lhes a dedicação, tanto no Espaço como na Crosta[89]".

Falando-nos Emmanuel sobre Maria, informa que o Supremo Poder do Universo, procurando alguém no

[89] SANT'ANNA, Hernani R. *Universo e Vida*. Pelo Espírito Áureo. Rio de Janeiro: FEB, [2015?]. Ante a grandeza da vida, p. 13.

mundo para exercer a indispensável tutela sobre a vida preciosa do seu filho Jesus, o Embaixador Divino, não hesitou em recorrer à abnegada mulher, escondida num lar apagado e simples. Era humilde, mas ocultava a experiência dos sábios, era frágil como o lírio, mas trazia em si a resistência do diamante, pobre entre os pobres, carregava os tesouros incorruptíveis do coração e, conquanto desvalida entre os homens, era grande e prestigiosa diante de Deus[90].

Maria, depois de ter recebido a visita do anjo que lhe disse sobre a vinda de Jesus, profere um dos mais belos cânticos de louvor e agradecimento a Deus:

> A minha alma engrandece ao Senhor, e o meu Espírito se alegra em Deus, meu Salvador, porque atentou na humildade de - sua serva; pois eis que, desde agora, todas as gerações me chamarão bem-aventurada. Porque me fez grandes coisas o Poderoso; e Santo é o seu nome. E a sua misericórdia é de geração em geração sobre os que o teme. Com o seu braço, agiu valorosamente, dissipou os soberbos no pensamento de seu coração, depôs dos tronos os poderosos e elevou os humildades; encheu de bens os famintos, despediu vazios os ricos, e auxiliou a Israel, seu servo, recordando-se da sua misericórdia (como falou a nossos pais) para com Abraão e sua posteridade para sempre[91].

Na literatura Espírita, encontramos vários registros sobre Maria. Momentos emocionantes de sua vida são contados, em detalhes, na obra *Boa Nova*[92], de Humberto de Campos, no último capítulo do livro intitulado Maria.

---

[90] XAVIER, Francisco Cândido. *Religião dos Espíritos*. Pelo Espírito Emmanuel. [s.l.]: Luz Espírita, 2016, p. 115.

[91] Lucas 1:46-55

[92] XAVIER, Francisco Cândido. *Boa Nova*. Pelo Espírito Humberto de Campos. 20ª ed. Rio de Janeiro: FEB, [2013?], p. 196.

Na obra em questão o autor descreve a dor profunda e silenciosa da mãe de Jesus durante a crucificação, comovendo-nos profundamente e nos levando a uma grande reflexão acerca da grande elevação desse Espírito.

Diz o autor que, junto da cruz, o vulto agoniado de Maria trazia dolorosa e indelével impressão. Tinha a mãe de Jesus o pensamento ansioso e torturado, seus olhos estavam fixos no madeiro das perfídias humanas, sua ternura de mãe regredi ao passado em recordações amargas, pois ali estava, na hora extrema, seu filho amado. Naquele momento, Maria deixa-se seguir com as lembranças, as circunstâncias felizes do anúncio do nascimento de Jesus, a amizade de Izabel, o velho Simeão e suas profecias, tudo em reconhecimento ao amparo de Deus, que era incontestável nos pequenos detalhes de sua vida.

Naquele instante supremo, a mãe Maria recordava a manjedoura, na sua beleza agreste, sentindo como se a Natureza desejasse dizer novamente em seus ouvidos o cântico de glória daquele momento inesquecível. Através do véu espesso das lágrimas, repassava ela as cenas da infância do filho, reconhecendo nas menores coisas, e intervenção da Providência celestial, embora naquela hora de sofrimento, seu pensamento vagasse também pelo mar das mais aflitivas interrogações.

Questionava-se Maria que profundos desígnios teriam conduzido seu filho tão amado à cruz do suplício? Ouvia uma voz amiga falar-lhe ao Espírito acerca das determinações insondáveis e justas de Deus, as quais necessitavam ser aceitas para que houvesse a redenção divina das criaturas. Embora seu coração encontrasse-se em tempestades de lágrimas irreprimíveis, no fundo de sua consciência sua humildade sincera repetia: Faça-se na escrava a vontade do Senhor!

Certo tempo após a crucificação do Mestre, o Autor Espiritual conta que João, lembrando-se das palavras e orientações de Jesus, vai ao encontro de Maria e lhe fala sobre sua nova vida, pregando e transmitindo os ensinamentos de Jesus. Maria segue com o abnegado apóstolo para Éfeso e lá segue também amparando e transmitindo ao coração do povo as mensagens da Boa Nova, sem deixar de trabalhar um único dia em prol do próximo e, mesmo chegando à velhice, não sentia cansaço nem amarguras.

Segundo Humberto de Campos, Maria, próximo ao desencarne, recebe a visita de seu filho Jesus quando, absorta em suas meditações, viu aproximar-se o vulto de um pedinte que a chamou "Minha Mãe", dizendo vir fazer-lhe companhia e receber sua benção. Como de costume, Maria o convidou para entrar, impressionada com aquela voz que lhe inspirava tanta simpatia. O peregrino, até então não tendo sido reconhecido pela mãe, falou do céu, confortou Maria delicadamente, comentou sobre as bem-aventuranças divinas que aguardam a todos os filhos de Deus devotados e sinceros.

Recorda que Maria sentiu-se empolgada por forte surpresa, perguntando-se quem seria aquele mendigo que lhe acalmava as dores secretas da alma saudosa, com bálsamos tão doces?, pois até aquele momento nenhum outro havia surgido para dar, era sempre para pedir alguma coisa, tendo seus olhos se umedecido de ventura, sem conseguir explicar o motivo de sua amável emotividade. Foi então que o hóspede estendeu as mãos generosas e falou a Maria com profundo amor: "Minha mãe, vem aos meus braços!". Naquele instante sublime, ela olha as mãos nobres e tomada de profunda emoção, viu nelas duas chagas iguais às de Seu filho na cruz, dirigindo, instintivamente, o olhar ansioso para os pés do peregrino amigo, momento em que viu também lá as úlceras causadas pelos cravos do suplício.

Sem poder mais se conter, compreendendo a visita amorosa que Deus enviava ao coração, falou em infinita alegria: "Meu filho! Meu filho! As úlceras que te fizeram!". E, movida por um sentimento de amor, num ímpeto, fez um movimento para se ajoelhar, pois desejava abraçar-se aos pés do seu Jesus e beijá-los com ternura. Ele, entretanto, levantou-a e, cercado de um halo de luz celestial, ajoelhou-se aos pés e lhe beijou as mãos, dizendo: "Sim, minha mãe, sou eu! Venho buscar-te, pois meu Pai quer que sejas no meu Reino a Rainha dos Anjos".

Ao se libertar do vaso físico, Ela desejou, primeiramente, rever a Galileia e logo em seguida visitou os cárceres sombrios de Roma, repletos de discípulos do Mestre que aguardavam a morte certa, quando lhes infundiu a força da alegria cristã. Transmitiu sugestão a uma jovem encarcerada, sugerindo que ela cantasse, que tivesse bom ânimo, convertendo as dores da Terra em alegrias para o Céu e, logo em seguida, conduz a caravana a bendita entre as mulheres ao Reino do mestre, para que a partir deste dia, nos tormentos mais duros, os discípulos de Jesus cantem na Terra, exprimindo o seu bom ânimo e a sua alegria, guardando a suave herança de mãe Santíssima.

Trazemos linda poesia intitulada Retrato de Mãe[93], na qual o Espírito Maria Dolores relata o amparo doce e maternal prestado pelo Espírito de Maria a Judas, que se encontrava em região umbralina há muito tempo, cego e

---

[93] XAVIER, Francisco Cândido. *Momentos de Ouro*. Espíritos Diversos. 1ª ed. [s.]: GEEM, 1977, p. 38.

sozinho. Na parte final do diálogo com Judas, o discípulo suicida, em muito sofrimento e remorso, Maria argumenta com seu profundo amor:

> Amo-te, filho meu, amo-te e quero
> Ver-te, de novo, a vida
> Maravilhosamente revestida
> De paz e luz, de fé e elevação...
> Virás comido à Terra,
> Perderás, pouco a pouco, o ânimo violento,
> Terás o coração
> Nas águas de bendito esquecimento,
> Numa nova existência de esperança,
> Levar-te-ei comigo
> A remansoso abrigo,
> Dar-te-ei outra mãe! Pensa e descansa!...
> E Judas, neste instante,
> Como quem olvidasse a própria dor gigante
> ou como quem desgarra
> De pesadelo atroz,
> Perguntou: – Quem sois vós
> Que me falais assim, sabendo-me traidor?
> Sois divina mulher, irradiando amo
> Ou anjo celestial de quem pressinto a luz?!
> No entanto, ela a fita-lo, frente a frente,
> Respondeu simplesmente:
> – Meu filho, eu sou Maria, sou a mãe de Jesus.

Maria é sinônimo de amor e de dedicação fraternal, despertando grande simpatia e admiração entre devotos de todas as religiões. Milhares de fiéis pedem sua intercessão, acreditando que Jesus não negaria um pedido seu, havendo, inclusive, Espíritos abnegados que trabalham em seu nome, recebendo suas orações e auxiliando aos que sofrem.

No livro *Memórias de um Suicida*[94], há registros dela na Espiritualidade sendo a dirigente da instituição Legião dos Servos de Maria, especializada no resgate de suicidas das zonas inferiores. O Autor Espiritual da obra, Camilo Cândido Botelho, informa que a missão de cuidar e de amparar Espíritos suicidas não poderia ser desempenhada por outro coração a não ser o de Maria, por ser referência de amor e dedicação fraternal.

Em determinado momento da obra, esclarece-se que, geralmente, os avisos e as ordens vêm de Mais Alto, de onde paira a assistência magnânima da piedosa Mãe da Humanidade, a Governadora de Legião, Maria. Informa que se as entidades não pertencem à sua tutela direta de Guardiã, pode-se pedir o seu favor em prol dos transviados, seu amoroso concurso, visto existir fraterna solidariedade entre as várias agremiações do universo Sideral, infinitamente mais perfeitas que as existentes na Terra.

Sobre o retrato de Maria, muito conhecido no meio Espírita, constam informações no Anuário Espírita de 1986 de ter sido um retrato psicografado, no qual o Espírito Emmanuel, por meio de Chico Xavier, ditou o retrato falado de Maria de Nazaré ao fotógrafo Vicente Avela[95], de São Paulo. Segundo o fotógrafo, Chico teria deixado claro que a fisionomia de Maria, da forma como retratada, revela exatamente como Ela é conhecida quando visita as esferas espirituais mais próximas da crosta terrestre, como por exemplo, a Legião dos Servos de Maria, destacando, ainda, que, na realidade, não houve

---

[94] PEREIRA, Yvonne do Amaral. *Memórias de um Suicida*. Pelo Espírito Camilo Cândido Botelho. [s.l.]: Luz Espírita, 2008, p. 19.

[95] JARDIM ESPÍRITA. *Post 37: Retrato Psicológico de Maria*. Disponível em: <https://bit.ly/2oerPaz>. Acesso em: 10 de junho de 2018.

pintura e sim um trabalho basicamente fotográfico, fruto de retoques contínuos realizados num retrato falado inicial, tudo acontecendo sob a orientação mediúnica de Chico Xavier. Após a conclusão da tarefa pelo fotógrafo, com a arte final em pequena foto branco-e-preto, a mesma foi ampliada e colorida com tinta a óleo, dando origem à tela que foi divulgada.

Observa-se, portanto, continuar Maria até hoje zelando com muito amor e carinho pela Humanidade terrestre, encarnada e desencarnada.

27. Quais os elementos gerais do Universo?

Quando pensamos em Universo, algumas perguntas naturalmente nos vêm à mente, como: O que se entende por Universo? Como veio a existir? Do que é feito? Quais são os seus elementos gerais? A matéria foi criada por Deus ou existe desde toda a eternidade? Qual a natureza íntima do Espírito?

Conceituando, de forma simplificada o Universo, podemos dizer que é o conjunto de tudo quanto existe, incluindo-se a Terra, os astros, as galáxias e toda a matéria disseminada no espaço. Para o Espiritismo, segundo Kardec, o Universo "compreende a infinidade de mundos que vemos e não vemos, todos os seres animados e inanimados, todos os astros que se movem no espaço e os fluidos que preenchem[96]".

Sabemos que o homem está sempre inquirindo sobre o princípio das coisas. Deus, porém, não permite que tudo lhe seja revelado, aqui na Terra, até que atinja adequado nível de compreensão das realidades cósmicas, pois muitos são os mistérios que para serem desvendados re-

[96] KARDEC, Allan. *O Livro dos Espíritos*. 93ª ed. FEB, 2013, p. 66.

querem a depuração do Espírito. Entretanto, mesmo sem podermos tudo saber, os Espíritos Superiores tiveram a permissão divina para nos auxiliar, se necessário, através da comunicação mediúnica.

O início do Universo, para os cosmologistas e astrônomos, deu-se há quinze bilhões de anos, por meio de uma enorme explosão, a partir de uma concentração de matéria extraordinariamente quente e condensada, que é o chamado Big Bang. Segundo os Espíritos Superiores, "os mundos se formam pela condensação da matéria disseminada no espaço[97]".

A Doutrina Espírita tem nos ensinado que, seja qual o fenômeno responsável pelo surgimento do Universo, sua origem está no Criador e, da mesma forma que a ciência não pode precisar o momento inicial da cosmogênese, os Espíritos também não o sabem, mas afirmam que Deus jamais deixou de operar.

Adentrando objetivamente nos elementos gerais do Universo, sabemos pela revelação dos Espíritos Superiores que Deus criou dois princípios diferentes, opostos por suas qualidades essenciais, chamados elementos gerais do Universo, que são: *o elemento material*, bruto e inerte, e o *elemento Espiritual*, inteligente, suscetível de elaboração e desenvolvimento evolutivo, visando a formação de individualidades conscientes, possuidores de razão e de vontade. Acima de ambos os elementos existe Deus, o criador, o Pai de todas as coisas, formando a trindade universal.

Para a ciência, matéria é tudo que ocupa espaço e possui massa, sendo uma designação da substância da qual todos os objetos físicos são formados, uma energia condensada ou concentrada, limitada em sua força e di-

---

[97] *Id, ibid*, questão 39, p. 68.

namismo[98]. Para a Doutrina Espírita, matéria é tudo sobre o qual o Espírito exerce a sua ação, existindo em estados que nós desconhecemos, podendo ser, por exemplo, "de tal modo etérea e sutil que não faça nenhuma impressão sobre vossos sentidos, entretanto é sempre matéria, embora para vós não o seja[99]".

A matéria, toda e qualquer que seja, é formada de um só elemento primitivo, o princípio material. Os corpos considerados simples são, em verdade, transformações da matéria primitiva, sendo a matéria o meio através do qual os Espíritos desenvolvem suas potencialidades e manifestam suas obras. Allan Kardec diz que a matéria "é o agente, o meio com o auxílio do qual e sobre o qual age o Espírito[100]".

Ao elemento material se une o fluido cósmico universal (FCU), desempenhando esse papel de intermediário entre o Espírito, princípio inteligente do Universo, e a matéria propriamente dita, demais grosseira para que o Espírito exerça ação sobre ela. Assim, a formação dos diversos tipos de matéria advém de um processo metamórfico provocado pelo fluido cósmico universal, possibilitando a ação do Espírito sobre ele, razão pela qual o Fluido Cósmico é considerado a matéria geratriz, surgindo dela, após infinitas modificações, os elementos fundamentais da natureza e as aglomerações de átomos. Em A Gênese, Kardec traz as afirmações do Espírito de Galileu sobre o tema, afirmando:

> Se se observa tão grande diversidade na matéria, é porque, sendo em número ilimitado as forças que hão presidido às suas transformações e as

---

[98] WIKIPEDIA, *Matéria*. Disponível em: <https://bit.ly/2Heb4bB>. Acesso em: 15 de janeiro de 2019.

[99] KARDEC, Allan. *O Livro dos Espíritos*. 93ª ed. Brasília: FEB, 2013. questão 22. p. 62.

[100] *Id., ibid*. questão 22-a. p. 62.

condições em que estas se produziram, também as várias combinações da matéria não podiam deixar de ser ilimitadas. Logo, quer a substância que se considere pertença aos 107 fluidos propriamente ditos, isto é, *aos corpos imponderáveis, quer revista os caracteres e as propriedades ordinárias da matéria, não há, em todo o Universo, senão uma única substância primitiva*: o cosmo, ou matéria cósmica dos uranógrafos[101]" [grifos nossos].

Desta feita, podendo a matéria apresentar-se em condições tão etéreas e sutis, observa-se ser a ponderabilidade – aquilo que se pode pesar – uma propriedade relativa, considerando não existir peso fora das esferas de atração dos mundos, de modo a existir matéria imponderável, sem peso, mas ainda assim matéria, mesmo não exercendo qualquer impressão sobre os sentidos humanos. A Doutrina Espírita amplia, portanto, o conceito conhecido de matéria.

O segundo elemento geral do universo é o Espiritual, sendo este a origem dos Espíritos. O Espírito constitui-se como o princípio inteligente que existe no Universo, conferindo à matéria capacidades de razão e pensamento. São formas independentes da matéria, mas que podem desempenhar funções sobre esta. Nesse sentido, existe no homem algo além do corpo físico: aquilo que conhecemos por alma. A matéria corresponde ao corpo físico, e a alma corresponde ao Espírito encarnado. Nesse sentido, não seria correto dizer que temos um Espírito, mas sim que *somos* um[102].

Interessante destacar que Espírito e matéria evoluem proporcionalmente, repercutindo no princípio inteligen-

---

[101] *Id. A Gênese*. 53ª ed. Brasília: FEB, 2013. p. 96.

[102] *Id. O Livro dos Espíritos*. 93ª ed. Brasília: FEB, 2013. questão 79. p. 86.

te os ajustes e as organizações impressas na matéria e vice-versa. Logo, todo o aprendizado impresso no princípio inteligente resultará, sucessivamente, em matérias com maior nível de complexidade.

28. O que é Fluido Cósmico Universal?

Deus, Espírito e Matéria constituem o princípio do que existe. O Fluido Cósmico Universal (FCU), como dito na pergunta anterior, exerce o papel de *intermediário entre o Espírito e a matéria*. Podemos entender o FCU como sendo a matéria elementar primitiva, dispersa por todos os cantos do Universo, como se estivéssemos imersos num grande aquário onde esse fluido seria a água. É uma matéria extremamente sutil, cujas modificações e transformações vão constituir a inumerável variedade dos corpos da natureza. Allan Kardec, abordando sobre o FCU esclarece:

> Há um fluido etéreo que enche o espaço e penetra os corpos. Esse fluido é o éter ou matéria cósmica primitiva, geradora do mundo e dos seres. São-lhes inerentes as forças que presidiram às metamorfoses da matéria, as leis imutáveis e necessárias que regem o mundo[103].

No seu ponto de partida, o fluido universal encontra-se em grau de pureza absoluta, sendo completamente imponderável, e o ponto oposto é quando se transforma em matéria tangível. O fluido universal, conquanto derive do princípio material, dele se distingue por propriedades especiais, é um fluido suscetível a inumeráveis combinações, produzindo, sob a ação do Espírito, a infinita variedade das coisas conhecidas e desconhecidas pelo homem.

[103] *Id. A Gênese*. 53ª ed. Brasília: FEB, 2013. p. 97.

Possui forma determinada e constante nas moléculas elementares primitivas e variáveis para as secundárias, embora ainda inapreciáveis aos nossos sentidos.

Kardec ainda nos fala que o FCU é a matéria cósmica primitiva que encerrava os elementos materiais, fluídicos e vitais de todos os universos, sendo a mãe fecunda de todas as coisas, a eterna geratriz[104]. Ensina, ainda, que no tocante ao princípio elementar universal, oferece dois estados distintos: o de eterização ou imponderabilidade, considerado o estado normal primitivo, e o de materialização ou de ponderabilidade que lhe é consecutivo, sendo o ponto intermediário o da transformação do fluido em matéria tangível. Ressalta, ainda, não haver transição brusca, pois os nossos fluidos imponderáveis podem ser considerados um termo médio entre os dois estados[105].

O Espírito André Luiz[106], na obra *Evolução em Dois Mundos*, abordando sobre o Fluido Cósmico, ensina ser o fluido o "plasma divino, o hausto do Criador", no qual tudo e 109 todos estão inseridos, ensinando que sobre ele operam as inteligências do Universo, dando origem à imensidade das coisas existentes, num processo de co-criação com Deus.

O Espírito Miramez[107], ao comentar a questão 27 de *O Livro dos Espíritos*, sobre os dois elementos gerais do Universo, traz preciosas informações acerca do FCU, elucidando que o homem está compreendendo a existência de fluido sutil na natureza, com variadas escalas vibratórias, percebendo e sentindo o fluido em todas as dire-

[104] *Id, ibid*. p. 102.

[105] *Id, ibid*. p. 244.

[106] XAVIER, Francisco Cândido; VIEIRA, Waldo. *Evolução em Dois Mundos*. Pelo Espírito André Luiz. [s.l.]: L. Neilmoris, 2008. p. 13.

[107] *O Livro dos Espíritos* comentado pelo Espírito Miramez. Disponível em: <https://bit.ly/2KaB1t9>. Acesso em: 23 de junho de 2018.

ções da vida. Destaca ser o fluido dirigido pela vontade do Espírito, mas com alta ressonância da matéria, sendo o intermediário entre um e outro, de modo que absolutamente nada fique distanciado do comando central de Deus. Ensina que o fluido universal, ao sair das sutilezas peculiares da sua fonte, inicia um processo de transformação, obedecendo a regras e formando ambientes, e que nós não conseguimos determinar os seus caminhos, por serem indescritíveis.

No estado de eterização, o fluido cósmico não é uniforme. Sem deixar de ser etéreo, sofre infinitas modificações em gênero e mais numerosas talvez do que no estado de matéria tangível. Essas modificações formam fluidos distintos que, embora decorram do mesmo princípio, são dotados de propriedades especiais e dão lugar aos fenômenos peculiares ao mundo invisível. Cabe destacar que, considerando a relatividade de tudo, esses fluidos têm para os Espíritos uma aparência tão material quanto a dos objetos tangíveis para os encarnados e são, para eles, o que as substâncias do mundo terrestre são para nós.

Pela força do pensamento e da vontade, os Espíritos o elaboram e combinam para produzirem determinados efeitos e objetos, como fazem os homens com os seus materiais, ainda que por métodos diversos. Desta feita, de forma sintética, são estas as qualidades do FCU: compõe a chamada matéria universal primitiva; distingue-se da matéria por propriedades especiais; é o intermediário entre o Espírito e a matéria; pode ser combinado à matéria, sob a ação do Espírito, para produzir uma infinita variedade de coisas; produz a agregação da matéria e a sua ponderabilidade; pode ser modificado e suscetível de inúmeras combinações para originar outros fluidos, como o fluido magnético e o fluido vital.

29. O que é princípio vital?

É um subproduto do fluido cósmico, existente em todos os seres vivos. O princípio vital *é o princípio da vida material e orgânica*, comum a todos os seres vivos, desde as plantas até o homem. É o agente que dá vida à matéria. Na natureza existem os seres orgânicos e os inorgânicos.

Os primeiros são providos de vida, nascem, crescem, reproduzem-se e morrem, tendo órgãos apropriados às diversas necessidades da vida material, como as plantas, os animais e o homem. Os segundos, por outro lado, não têm vitalidade e movimentos próprios, sendo formados tão somente pela agregação da matéria que os compõem, como o ar, a água e os minerais.

A lei da atração é a mesma para os corpos orgânicos e inorgânicos, mas a diferença é que nos primeiros está animalizada pela união com o princípio vital, sendo a vida um efeito produzido pela ação desse fluido sobre a matéria. Os Espíritos Superiores dizem que:

> Esse agente, sem a matéria, não é vida, da mesma forma que a matéria não pode viver sem esse agente. Ele dá a vida a todos os seres que a absorvem e a assimilam[108].
>
> [...] é um dos elementos necessários à constituição do universo, mas ele mesmo tem sua fonte na matéria universal modificada; é, para vós, um elemento como o oxigênio e o hidrogênio que, todavia, não são elementos primitivos, porque tudo isto parte de um mesmo princípio[109].

O princípio vital é também chamado de fluido magnético ou fluido elétrico animalizado, sendo modificado

---

108 KARDEC, Allan. *O Livro dos Espíritos*. 93ª ed. Brasília: FEB, 2013, 1. 63, p. 77.

109 *Id, ibid*, questão 64, p. 78

segundo as espécies e, embora sendo um subproduto do fluido cósmico universal, com ele não se confunde, são distintos. Lembremos sofrer o FCU infinitas metamorfoses, dando origem a tudo o que é matéria no universo. Assim, o princípio vital decorre de uma dessas modificações do fluido universal, tendo a característica de ser o intermediário, o elo existente entre o Espírito e a matéria, dando movimento aos corpos e os distinguindo da matéria inerte. É a força motriz dos corpos orgânicos.

São três as principais condições onde o fluido vital terá ativa participação:

> *a. Animalização da Matéria:* o fluido vital é a força motriz dos seres orgânicos, o elemento impulsiona os órgãos, dando movimento e atividade à matéria;
>
> *b. Mediunidade de Efeitos Físicos:* o fluido vital é um dos constituintes do ectoplasma, material utilizado pelos Espíritos nas manifestações mediúnicas de efeitos físicos. Os médiuns aptos à produção de tais fenômenos liberam essas energias com mais facilidade;
>
> *c. Curas Espirituais:* nos processos de cura Espiritual quando se utiliza energia dos encarnados, o fluido vital é o principal elemento a ser doado para o enfermo. Quem o possui em melhor condição pode doá-lo, por meio da fluidoterapia, conhecida como passe, àquele que necessita dele e fazer retornar à saúde uma criatura doente. Na chamada "moratória Espiritual", quando o encarnado recebe permissão para continuar na Terra por mais alguns anos, essa recebe determinada carga de fluido vital, para renovar as suas reservas já combalidas. Este fluido, após metabo-

lizado pelo organismo físico, transforma-se em um dos componentes da irradiação magnética.

Pode-se, portanto, admitir que os seres orgânicos, ao se formarem, assimilam o princípio vital, necessário à sua destinação ou que esse princípio se desenvolve em cada indivíduo, por um efeito natural decorrente da combinação dos elementos. Durante a vida, é o funcionamento dos órgãos que alimenta a vida do ser, o seu trabalho produz o fluido vital necessário à manutenção da vida orgânica. Cessada aquela ação, por motivo da morte, o princípio vital extingue-se.

Os órgãos, impregnados desse fluido vital, mantêm-se em comunicação entre si e em pleno funcionamento. Todavia, quando os elementos essenciais ao funcionamento dos órgãos encontram-se destruídos ou muito comprometidos, o fluido vital fica incapaz de manter a vida, ocorrendo a morte. Portanto, a quantidade de fluido vital, se não for renovada pela absorção de substâncias que o contêm, acaba ou mesmo se torna insuficiente para a manutenção da vida. Com a morte, a matéria decompõe-se e forma novos organismos, voltando o princípio vital à massa donde saiu, pois que o produzimos tão somente enquanto encarnados. Espírito não tem e nem produz fluido vital.

Segundo Kardec, os seres vivos não apresentam a mesma quantidade de fluido vital, variando de espécie para espécie e, mesmo dentro de cada uma, há diversidade entre seus indivíduos. Por isso, por exemplo, há pessoas repletas de energia e de vitalidade, estando saturadas de fluido vital, enquanto outras tem apenas o suficiente para se manterem vivas[110]. Kardec, em suas observações, também ensina:

> Num aparelho elétrico temos imagem mais exata da vida e da morte. Esse aparelho, como todos os corpos da Natureza, contém eletricidade em estado latente. Os fenômenos elétricos, porém, não se produzem senão quando o fluido é posto em atividade por uma causa especial. Poder-se-ia então dizer que o aparelho está vivo. Vindo a cessar a causa da atividade, cessa o fenômeno: o aparelho volta ao estado de inércia. Os corpos orgânicos são, assim, uma espécie de pilhas ou aparelhos elétricos, nos quais a atividade do fluido determina o fenômeno da vida. A cessação dessa atividade causa a morte[111].

Sem o fluido vital, portanto, não haveria coesão molecular, pois é ele que congrega todas as células independentes e as interliga em íntima relação, tal qual o cimento une os tijolos de um edifício. Sua falta implicaria na desintegração e no desaparecimento instantâneo da vida. Aspecto de fundamental importância é que bons sentimentos permitem grande produção de fluidos vitais e mantêm as telas dos chacras limpas, permitindo abundante fluxo de fluidos. Os maus sentimentos dificultam a sua produção e obstruem as telas dos chacras, dificultando o fluxo adequado dos fluidos necessários ao bom desenvolvimento do organismo.

O princípio vital é como um combustível para o nosso corpo. Se vivermos corretamente, respeitando as Leis divinas e os limites do corpo, a vida física seguirá seu curso normal. Se forçarmos os seus limites, aumentamos o seu desgaste e, embora com bastante princípio vital, não

[110] *Id., ibid.* questão 70. p. 80.

[111] *Id., ibid.* questão 70. p. 79.

terá ele condições de seguir a vida física. Se desrespeitarmos as Leis divinas pode ocorrer um acidente onde o corpo, embora com bastante princípio vital, não terá condições de seguir a vida física.

Quando desencarnamos com grande quantidade de fluido vital os laços que ligam o perispírito ao corpo físico permanecem muito firmes, ocorrendo demora para se desfazer os laços fluídicos, fazendo com que o Espírito passe por um estado de perturbação mais acentuado do que se estivesse com pouco fluido vital.

Capítulo V

Justiça Divina

30. Como funciona a Justiça Divina?

Através dos séculos, vemos que Deus nos tem sido apresentado de diversas maneiras: o Deus sanguinário, que faz justiça através de calamidades e das destruições que atingem a Terra; o Deus vingativo, que nos pune com penas eternas; o Deus irredutível, que não perdoa e deve ser temido mais do que amado; o Deus impiedoso, que pode destinar seus filhos ao fogo do "inferno" se não partilharem de suas ideias e não O seguirem. Todavia, com a vinda do Cristo, nossa percepção de Deus tem evoluído, sendo-nos mostrado um Deus de amor e misericórdia.

O Espiritismo vem ampliar a nossa compreensão de Deus, para que ao longo do tempo consigamos nos libertar do Deus que julga, condena e pune. A Doutrina Espírita oferece a todos que se disponham a estudá-la profundas elucidações sobre a Justiça Divina, através da reencarnação e da Lei de Causa e Efeito, abrindo-nos uma porta para o nosso passado e nos orientando ao futuro.

Em *O Livro dos Espíritos*, a Espiritualidade Superior esclarece a grande questão do sofrimento, da dor, da enfermidade, afirmando que não são fatores propostos pelo

Criador, mas consequências das violações às Suas Leis. Portanto, conforme a natureza dos erros cometidos pelo Espírito, ele mesmo poderá escolher, se em condições espirituais para tal, as provas que queira sofrer em uma próxima reencarnação e que o auxiliarão a progredir mais depressa.

Aos que infringem as leis de Deus, a reencarnação é a mais excelente demonstração da Sua justiça, pois oportuniza o ressarcimento dos equívocos cometidos nas existências anteriores. A lei dos renascimentos explica e completa o princípio da imortalidade. A evolução do ser indica que todos nascem simples e ignorantes, é dizer, sem conhecimento, mas destinados à perfeição. Contudo, como essa não pode realizar-se em uma só existência, a pluralidade das existências é a condição necessária para tal.

Assim, à custa dos próprios esforços, de suas lutas, de seus sofrimentos, o Espírito sai de seu estado de ignorância e de inferioridade e se eleva, paulatinamente, na Terra primeiramente, e, posteriormente, nos inumeráveis mundos presentes no Universo.

Em *O Livro dos Espíritos*, quando Kardec questiona sobre o que está baseado o dogma da reencarnação, respondem os Espíritos:

> Na justiça de Deus e na revelação, pois incessantemente repetimos: o bom pai deixa sempre aberta a seus filhos uma porta para o arrependimento. Não te diz a razão que seria injusto privar para sempre da felicidade eterna todos aqueles de quem não dependeu o melhorarem-se? Não são filhos de Deus todos os homens? Só entre os egoístas se encontram a iniquidade, o ódio implacável e os castigos sem remissão[112].

[112] *Id., ibid.* questão 171. p. 124.

Cada um leva para a outra vida e traz, ao nascer, a história do passado. Essa história reflete-se em alegrias ou dores, na nova vida que começa e até nas posteriores. Os nossos atos cotidianos vão juntando-se às causas antigas, atenuando-as ou agravando-as, formando a teia do nosso destino.

Só através da reencarnação consegue-se responder perguntas como: por que para uns a fortuna, a felicidade constante e para outros a miséria, a desgraça inevitável? Para uns a força, a saúde, a beleza; para aqueles a fraqueza, a doença? Como se encontram tantas qualidades morais admiráveis em alguns e tantos vícios e defeitos em outros? Por que há raças tão diversas? E as enfermidades inatas, a cegueira, a idiotia, as deformidades, todos os infortúnios que enchem os Hospitais, os albergues noturnos, as penitenciárias? A hereditariedade não explica tudo.

Observamos, desta feita, ser a reencarnação a única forma racional pela qual se pode admitir a reparação de faltas cometidas e a evolução gradual dos seres. *O homem constrói o seu próprio futuro.*

Kardec[113], em seu comentário acerca da reencarnação, afirma que todos os Espíritos tendem para a perfeição e Deus dá aos homens os meios para alcançá-la, por intermédio das provações da vida corporal. A Justiça Divina permite ao indivíduo cumprir, em novas existências, o que não fez ou não concluiu nas anteriores. Se Deus condenasse para sempre o homem que haja encontrado, em decorrência do próprio meio e alheio à vontade que o animava, obstáculos ao seu melhoramento, não agiria com equidade, nem conforme a sua infinita justiça e bondade.

113 *Id., ibid.*

Portanto, destaca que se a sorte do homem se fixasse irrevogavelmente depois da morte, Deus não pesaria as ações de todas as criaturas da mesma maneira. Não haveria imparcialidade no tratamento. A Doutrina da reencarnação explica o futuro e firma as nossas esperanças, oferecendo à criatura os meios de resgatar erros por novas provações, na certeza de que sua atual inferioridade não o deserda eternamente do supremo bem e que, mediante novos esforços, alcançará a felicidade e a perfeição.

Através da Lei de causa e efeito, Deus, na Sua justiça, permite que retornemos ao cenário onde erramos, para a retificação dos mesmos. Deus é amor, mas também justiça, atribuindo a cada Espírito segundo suas escolhas. Sendo assim, concede às criaturas tantas experiências quantas precisem para se quitarem com a Lei, sem privilégios, mas com igualdade.

No livro *O Céu e o Inferno*[114], Kardec traz o Código Penal da Vida Futura, com os mecanismos das Leis Divinas que regem os nossos destinos. Os parágrafos 16 e 17, do referido código, indicam-nos o caminho da reabilitação moral em sua totalidade, só conseguida após a passagem do Espírito por três situações bem distintas: arrependimento, expiação e reparação. O codificador ensina que "o arrependimento suaviza os travos da expiação, abrindo pela esperança o caminho da reabilitação; só a reparação, contudo, pode anular o efeito destruindo-lhe a causa".

Acresce que enquanto não desaparecerem os últimos vestígios da falta, a expiação far-se-á presente por meio dos sofrimentos físicos e morais que lhe são consequentes, seja na vida atual, na Espiritual ou em nova existência corporal. A reparação, por outro lado, é fazer o bem

---

[114] *Id. O Céu e o Inferno*. 61 ed. Brasília: FEB, 2013. p. 85.

àqueles a quem se havia feito o mal e, se alguém não reparar seus erros numa existência, estará numa próxima em contato com as mesmas pessoas, e em condições voluntariamente escolhidas, permitindo demonstrar-lhes reconhecimento e fazer-lhes tanto bem quanto mal lhes tenha feito no passado.

O sofrimento é inerente à imperfeição. Toda imperfeição, assim como toda falta que dela promana, traz consigo o próprio efeito nas suas consequências inevitáveis. Contudo, pode o homem libertar-se das imperfeições por efeito da vontade, anulando os males e assegurando a felicidade futura.

O que reanima o homem e lhe dá coragem é saber que aquela inferioridade não o exclui eternamente da felicidade, que mediante novos esforços, vai alcançar a meta e ser perfeito. Além disso, como Deus é justiça e também misericórdia, permite que almas devedoras nasçam junto a corações amorosos que as aceitam e as ajudam com carinho, em sua trajetória de resgates e dores. Quantas mães não carregam filhos que não andam, não falam ou não ouvem e, ainda assim, falam do amor e exemplificam a renúncia e o desprendimento?

Lembremos, por fim, as palavras de Chico Xavier[115], ao dizer que todas as vezes que a Justiça Divina nos procura para acerto de contas, caso estejamos trabalhando em benefício do próximo, manda a Misericórdia Divina que aquela cobrança seja suspensa por tempo indeterminado.

[115] IDEAL Editora. *Ensinamentos e Momentos com Chico Xavier*. Disponível em: <https://bit.ly/2yDmmC1>. Acesso em: 24 de junho de 2018.

31. Como compreender um Deus que permite as guerras, o sofrimento, a dor e a punição de seus filhos?

Uma pergunta muito comum que as pessoas fazem é: "Se Deus é infinitamente bom, justo e misericordioso, por que Ele permite tantos sofrimentos no mundo?".

Quando nos deparamos com as guerras, ataques, atentados, chacinas, violências, roubos, estupros, traições e assassinatos em massa é impossível não ficarmos perplexos. Além disso, ainda vemos milhares de pessoas morrendo de desnutrição, fome e sede, algo que também nos aflige profundamente.

Para uma correta análise da questão precisamos ampliar nossa visão. O que será que faz o homem sentir atração pelas guerras e violência, deixando-se dominar pelos instintos inferiores? Recorramos a Allan Kardec[116], em *O Livro dos Espíritos*, quando questiona o que impele o homem à guerra. A Espiritualidade responde ser em decorrência da predominância da natureza animal sobre a natureza Espiritual e pelo transbordamento das paixões, informando que no estado de barbaria, os povos só conhecem o direito do mais forte, sendo a guerra um estado normal e que, à medida que o homem progride, menos frequente tornam-se as guerras, evitando-lhe as causas.

Deus concedeu a nós o livre arbítrio e a inteligência, permitindo a liberdade de decidir como queremos agir e fazer as nossas escolhas, diferenciando o homem dos animais que seguem apenas os instintos. Como ainda estamos num estágio evolutivo pequeno, mais perto da animalidade que da angelitude, tomamos muitas decisões egoístas, centradas em nosso próprio interesse e não no da coletividade.

[116] KARDEC, Allan. *O Livro dos Espíritos*. 93 ed. Brasília: FEB, 2013. questão 742. p. 339.

Deus envia inúmeras mensagens sobre os erros que cometemos, mas não O ouvimos e insistimos no erro e na ilusão. O homem, pelas suas próprias escolhas, insiste em permanecer na embriaguez das ilusões do mundo, e Deus autoriza que venha a dor, o sofrimento, o desespero e as perdas para libertá-lo, fazendo-o crescer e progredir. *A dor tira o Espírito da ilusão em que se encontrava.* Cabe destacar que o aprendizado pode ser pelo amor ou pela dor, mas essa é sempre o recurso utilizado por Deus para o nosso aprendizado e transformação.

Se Deus tirasse nosso livre-arbítrio, a nossa liberdade de escolha, o mal provavelmente não existiria, mas seríamos bonecos, marionetes controladas por Ele. Contudo não fomos criados para isso, fomos criados a Sua imagem e semelhança, com a centelha divina em nossos corações para que através do amor, Ele seja compreendido e seguido pelas criaturas, de forma voluntária. O amor não existe onde não há liberdade.

A Espiritualidade informa que todos os povos serão irmãos quando os homens compreenderem a justiça e praticarem a lei de Deus, e que as guerras são necessárias porque objetivam a liberdade e o progresso do homem[117].

O Espírito Miramez[118], comentando a questão 743 de *O Livro dos Espíritos*, traz belas elucidações acerca do tema e recorda um trecho de *O Livro dos Espíritos*, nos Prolegômenos, dizendo que a vaidade de certos homens, por julgarem tudo saber, originará opiniões dissidentes, mas que no tempo em que os homens tiverem em vista o grande princípio de Jesus, confundir-se-ão num só sentimento de amor, unindo o mundo inteiro por um grande laço de fraternidade. Neste dia, não existirão mais

[117] *Id., ibid.* Q 743-744. p. 340.

[118] *O Livro dos Espíritos* comentado pelo Espírito Miramez. Disponível em: <https://bit.ly/2Mo-6QMu>. Acesso em: 25 jun. 2018.

guerras, nem discórdia entre os povos, pois a única força a existir é a do amor que unirá todos os povos.

Como os homens ainda não conseguem evitar as guerras, Deus faz com que elas sejam transformadas em instrumentos de liberdade e progresso, pois nada fica sem utilidade no Universo. Assim, enquanto a criatura deixa passar despercebido o amor, vêm a dor e o sofrimento, fazendo-a entender a mensagem de regeneração Espiritual, sendo as guerras instrumentos violentos para acordar as almas endurecidas[119].

Pela leitura das observações sobreditas, constatamos que a vontade de Deus é que o amor e a fraternidade existam entre as criaturas, razão pela qual não podemos responsabilizar Deus pelas tragédias. Deus nos ensina sempre: "Ama ao teu próximo como a ti mesmo". Fomos criados para um relacionamento íntimo com Deus, mas Ele espera o nosso tempo, até que O escolhamos verdadeiramente, estando sempre pronto para nos confortar no meio da nossa dor e pesar.

32. Como tudo começou?

O universo, como já vimos, abrange a infinidade dos mundos que vemos e aqueles que não vemos, todos os seres animados e inanimados, todos os astros que se movem no espaço e os fluidos que o preenchem.

Como não podemos, ainda, conhecer o completo modo de formação dos mundos, os Espíritos têm permissão de nos dizer que os mundos se formam pela condensação da matéria espalhada no espaço e que, no tocante à formação dos seres vivos, no início tudo era o caos, estando os elementos em desordem, contudo, paulatinamente, cada

---

[119] *Id*. Disponível em: <https://bit.ly/2NxP7mG>. Acesso em: 25 de junho de 2018.

coisa tomou seu lugar, momento em que apareceram os seres vivos apropriados ao estado do globo[120]. O Espírito Miramez, trazendo maiores esclarecimentos sobre o início do povoamento na Terra, assevera:

> A Terra, nos seus primórdios, era como que uma luz líquida a se solidificar, assegurada por fios invisíveis que se chamam gravidade. A temperatura elevada vem comprovar de onde ela veio, e ainda resta no centro do planeta algo da fonte geradora, expelida para a superfície por alguns dos vulcões ainda existentes em vários pontos do mundo. O germe da vida foi colocado por Deus em toda a sua formação, que passou a dormir no seu berço, esperando o óvulo da Divindade para dar início à formação dos seres vivos, no planeta já solidificado e refeito da grande confusão telúrica. Chuvas e tempestades assolaram toda a superfície, milhares de anos consecutivos, na formação dos mares, guardando no seu seio fecundo as águas, para que surgissem os rios. [...] E no cair das chuvas, outra chuva de fluidos aconteceu, processando-se a simbiose, para que os elementos primitivos pudessem acasalar-se com o que estava chegando e a vida se expressar de variadas formas[121].

O nobre Espírito Miramez acrescenta, ainda:

> Tudo isso idealizado e amparado pelos instrutores da vida maior, sem perda de um segundo sequer, nas suas visões benfeitoras, tendo o Cristo como Comandante da casa de Deus. O Mestre traçou os caminhos a seguir e ordenou a execução, dando a sua magnânima assistência permanentemente[122].

---

[120] KARDEC, Allan. *O Livro dos Espíritos*. 93ª ed. Brasília: FEB, 2013. Q 43. p. 68.

[121] *O Livro dos Espíritos* comentado pelo Espírito Miramez. Disponível em: <https://bit.ly/2ItPIT3>. Acesso em: 26 de junho de 2018.

[122] *Id., Ibid.*

Por fim, informa faltarem recursos ao homem para mensurar a data exata dos seres vivos na Terra, mas que datam de bilhões de anos, tendo os agentes vivos se agrupado por afinidade intrínseca, originando os movimentos automáticos das formas unicelulares, que se dividiam dando nascimento a outras da mesma espécie, pela força do princípio Espiritual.

Observa-se que a Terra continha os germes que aguardavam o momento favorável para se desenvolverem e, desde que cessou a força que os mantinha separados, os princípios orgânicos se agregaram e formaram os germes de todos os seres vivos. Os germes ficaram em estado latente, de inércia, como a crisálida e as sementes das plantas, até o momento propício para o aparecimento de cada espécie. A partir daí os seres de cada espécie reuniram-se e multiplicaram-se.

Emmanuel, no livro *A Caminho da Luz*, revela que as formas de todos os reinos da natureza terrestre foram estudadas e previstas, sob a orientação sábia do Cristo, que coordenava o trabalho de numerosas assembleias de operários espirituais. Assevera ainda o Autor Espiritual:

> Os fluidos da vida foram manipulados de modo a se adaptarem às condições físicas do planeta, encenando-se as construções celulares segundo as possibilidades do ambiente terrestre, tudo obedecendo a um plano preestabelecido pela misericordiosa sabedoria do Cristo, consideradas as leis do princípio e do desenvolvimento geral[123].

Os elementos orgânicos, antes da formação da Terra, encontravam-se no estado de fluido no espaço, no meio dos Espíritos, ou em outros planetas, esperando

[123] XAVIER, Francisco Cândido. *A Caminho da Luz*. Espírito Emmanuel. [s.l]: FEB, 2016. p. 16.

o momento da criação da Terra para começar uma nova existência no novo globo a ser formado. A natureza dá-nos mostra, por exemplo, de que há um princípio latente de vitalidade nas sementes das plantas, esperando apenas uma circunstância favorável para se desenvolver.

Referente a isto, Allan Kardec atestou que as químicas das moléculas dos corpos inorgânicos se unem para dar origem aos cristais regulares, conforme cada espécie e desde que as condições necessárias estejam presentes, pois a menor perturbação dessas condições é suficiente para obstaculizar a reunião dos elementos ou obstar a disposição regular que constitui o cristal[124]. Deste modo, questiona por que não ocorreria o mesmo com os elementos orgânicos? Recorda que por anos conservam-se os germes de plantas e de animais, que não conseguem o desenvolvimento a não ser quando presentes as condições apropriadas.

A espécie humana, da mesma forma, encontrava-se entre os elementos orgânicos contidos no globo terrestre e veio a seu tempo. A Espiritualidade ainda revela que a espécie humana não iniciou a partir de um só homem, o qual chamamos de Adão. Ele não foi o primeiro, nem o único a povoar a Terra, embora tenha vivido por volta de 4.000 A.C. Kardec, comentando o fato, asseverou o seguinte:

> O homem, cuja tradição se conservou sob o nome de Adão, foi dos que sobreviveram, em certa região, a alguns dos grandes cataclismos que revolveram em diversas épocas a superfície do globo, e se constituiu tronco de uma das raças que atualmente o povoam. *As Leis da Natureza se opõem a que os progressos da Humanidade, comprovados muito tempo antes do Cristo, se tenham realizado em alguns séculos, como*

[124] KARDEC, Allan. *O Livro dos Espíritos*. 93 ed. Brasília: FEB, 2013. Questão 45. p. 69.

houvera sucedido se o homem não existisse na Terra senão a partir da época indicada para a existência de Adão. Muitos, com mais razão, consideram Adão um mito ou uma alegoria que personifica as primeiras idades do mundo[125] [grifo nosso].

Na verdade, o homem apareceu em muitos pontos do globo e em diversas épocas, sendo esta uma das razões pelas quais existe a diversidade das raças. Os homens, posteriormente, ao se dispersarem entre diversos climas e se misturarem às raças diferentes, deram origem a novos tipos de raças. Em *O Livro dos Espíritos*[126] temos algumas considerações e concordâncias bíblicas referentes à criação. Menciona, por exemplo, a questão de Adão como sendo o primeiro homem, ideia que precisou ser alterada por diversas crenças religiosas e a teoria de que a Terra seria o centro. Hoje se sabe ter o homem surgido em pontos diversos do planeta e ser a Terra insignificante globo opaco pertencente ao Sistema Solar, sendo ela um dos menores.

Segundo a Bíblia, o mundo foi criado em seis dias, estando a época de sua criação tirada do nada há cerca de quatro mil anos antes da era cristã. A ciência, entretanto, tem provas irrecusáveis, extraídas da realidade fóssil, de que os seis dias da criação se dividem, em verdade, em diversos períodos de muitas centenas de milhares de anos cada um. Inclusive, revendo os arquivos da Terra, a ciência demonstra a ordem em que foram criados todos os seres do globo, demonstrando uma ordem que não difere do que diz a Gênese Bíblica, a não ser quando nega o milagre de tê-los criado em algumas horas, pois o mais

[125] *Id., ibid.* questão 51. p. 65.

[126] *Id., ibid.* questão 59. p. 72.

correto, utilizando-se inteligentemente das forças da Natureza, seria em alguns milhões de anos.

A existência do homem antes do dilúvio geológico, a presença de Noé e sua arca milagrosa, e a diversidade das raças, consoante as interpretações teológicas e outras teorias, têm explicações sábias e racionais, à luz dos esclarecimentos trazidos por intermédio da Mediunidade, com a participação especialíssima da Espiritualidade Superior. Precisa-se ter em mente ser a Bíblia um livro de símbolos, sendo uma obra fenomenal e histórica, que deve ser preservada e respeitada, embora nunca interpretada conforme interesses próprios de um segmento religioso. A Doutrina Espírita, por sua vez, respeita e vela pela preservação da Bíblia, mas a aceita conforme os ensinamentos Espíritas e não de acordo com as criações teológicas.

33. Por que Deus nos criou?

Na condição em que hoje a humanidade encontra-se, muito limitada intelectualmente e, principalmente, moralmente, não temos condições de saber a resposta exata desta pergunta, pois somente com a depuração do Espírito isso será possível. A Espiritualidade Superior, em vários questionamentos de *O Livro dos Espíritos*, quando analisados conjuntamente, dá-nos prova da nossa atual limitação.

Inicialmente, vejamos a pergunta número 11, quando Kardec pergunta se será dado, ao homem, um dia compreender o mistério da Divindade. Na ocasião, respondem os Espíritos que tal compreensão somente será possível "quando seu Espírito não estiver mais obscurecido pela matéria e, pela sua perfeição, estiver próximo dEle"[127], quando então O verá e também O compreenderá.

Kardec, na pergunta sobredita, faz uma observação dizendo justamente que, pela inferioridade do homem, não é possível entender a natureza íntima de Deus e que somente com a evolução do senso moral seu pensamento conseguirá penetrar melhor o âmago das coisas, oportunidade em que poderá fazer uma ideia mais justa e mais conforme a razão da ideia Deus, conquanto sempre incompleta.

Outro questionamento é o de número 17, que está justamente no item referente ao conhecimento do princípio das coisas. Aqui pergunta-se se é dado ao homem conhecer o princípio das coisas, o início de tudo, onde podemos incluir também a criação dos Espíritos, sendo mais uma vez negativa a resposta, com a informação de que "Deus não permite que tudo seja revelado ao homem neste mundo"[128]. Na pergunta subsequente, o questionamento é se o homem penetrará um dia o mistério das coisas que lhe estão ocultas e, novamente, os Espíritos afirmam que o véu se levanta para o homem à medida que se depura e, acrescentam, que "para compreender certas coisas precisa de faculdades que ainda não possui"[129].

Seguindo a mesma linha de raciocínio, em *A Gênese*, Kardec afirma precisar o homem de um sentido que ainda não possuímos para compreender a natureza íntima de Deus e que só o adquiriremos com a depuração do Espírito[130]. Analisando também a pergunta 38, referente à criação e especificamente em como Deus criou o Universo, a resposta da Espiritualidade apenas informa

[127] *Id., ibid.* questão 11. p. 58.

[128] *Id., ibid.* questão 17. p. 61.

[129] *Id., ibid.* questão 18. p. 61.

[130] *Id. A Gênese.* 53ª ed. Brasília: FEB. 2013. p. 51.

que Deus o criou por Sua vontade, tendo dito "Que a luz seja, e a luz foi"[131], sem adentrar em maiores detalhes de o porquê ou como, por conta da nossa limitação.

Caminhando em *O Livro dos Espíritos*, vemos agora na pergunta 81[132] que Kardec busca saber se os Espíritos se formam espontaneamente ou procedem uns dos outros, tendo os orientadores espirituais informado que Deus os cria como a todas as outras criaturas, pela Sua vontade, mas que a origem deles é um mistério. Novamente a resposta como a desejamos, com explicação minuciosa, não nos é fornecida, corroborando para a ideia de que somente com a evolução do Espírito será possível adentrar no conhecimento destas coisas.

Conquanto não tenhamos condições de compreender o início das coisas, há uma pergunta em *O Livro dos Espíritos* que, juntamente com o Evangelho Segundo o Espiritismo e O Céu e o Inferno, pode nos dar um norte da razão pela qual Deus nos criou. A pergunta 132[133] questiona qual o objetivo da encarnação dos Espíritos, tendo eles respondido que o objetivo é alcançar a perfeição, através das vicissitudes da vida, e para colocar o Espírito em condições de suportar sua parte na obra da criação, visto que cada um de nós tem uma função nela, contribuindo também para a marcha do Universo. Deus não teria criado o Universo para ficar sem habitação, sem Espíritos, para o nada. Não faria sentido.

Pela leitura das informações sobreditas, já observamos um motivo, uma razão para a nossa existência, que é contribuir na obra da criação, mas ainda há outra, conforme nos mostra *O Evangelho Segundo o Espiritismo*.

---

[131] *Id. O Livro dos Espíritos*. 93ª ed. Brasília: FEB. 2013. Questão 38. p. 67.

[132] *Id., ibid.* questão 81. p. 86.

[133] *Id., ibid.* questão 132. p. 105.

Nessa obra, no capítulo XI, item 13, consta a informação de que "Deus nos criou para sermos felizes na eternidade"[134], sendo tal assertiva ratificada em O Céu e o Inferno, quando no Capítulo 6, item 16, afirma que Deus criou as almas para fazê-las felizes, sendo este o objetivo do Criador, ou Ele não seria bom[135].

Portanto, acreditamos que através de uma leitura global do Pentateuco Kardequiano, podemos afirmar que, conquanto ainda não tenhamos plenas condições de compreender o princípio das coisas, Deus nos criou para a felicidade e para contribuirmos na obra da Sua criação, na marcha do Universo.

34. Por que Deus não criou os Espíritos perfeitos?

Se tivessem sido criados perfeitos, os Espíritos não teriam mérito para desfrutar dos benefícios dessa perfeição, pois sem a luta onde estaria o mérito? Essa é a resposta dada à Kardec pela Espiritualidade amiga quando faz questionamento similar, destacando também que os Espíritos cumprem uma missão nos diferentes graus de evolução, fazendo tudo parte dos desígnios da Providência para a harmonia do Universo[136].

Estamos submetidos à Lei do Progresso, lei natural de Deus, havendo a necessidade de vivenciarmos as provas que nos proporcionam chegar à perfeição. Caso criasse os Espíritos perfeitos, Deus estaria também ferindo sua própria Lei, o que não faz sentido. Toda teoria, Doutrina filosófica ou religiosa que busque destruir a mínima parte dos atributos de Deus ou das Suas Leis, não podem ser aceitas racionalmente, sendo o sistema mais verdadeiro

---

[134] *Id. O Evangelho Segundo o Espiritismo*. 131ª ed. Brasília: FEB. p. 161.

[135] *Id. O Céu e o Inferno*. 61ª ed. Brasília: FEB. 2013. p. 71.

[136] *Id. O Livro dos Espíritos*. 93ª ed. Brasília: FEB. 2013. Questão 119. p. 99.

aquele que concorde melhor com a sabedoria e a bondade de Deus.

Certa vez, em 1864, perguntaram a Allan Kardec se Deus não poderia ter criado os Espíritos perfeitos, para lhes poupar o mal e todas as suas funestas consequências. Para resolver a questão, o codificador, com base nos ensinamentos já conhecidos até então e no seu raciocínio lógico, chegou a um entendimento adequado.

Tal posicionamento encontra-se publicado na Revista Espírita, de março de 1864[137], podendo ser assim resumido: Obviamente, Deus poderia ter criado todos os Espíritos puros e perfeitos, mas se assim não o fez foi porque entendeu mais útil e acertado fazer de outro modo e, conquanto para nós seja, às vezes, difícil compreender os desígnios divinos, precisamos reconhecer ser Deus infinito em suas perfeições e virtudes, logo foi a decisão mais acertada. O homem é ainda como uma criança, com uma visão estreita de muitas coisas, pois só vê o presente. Não podendo julgar da utilidade de certas coisas, deve inclinar-se diante do que está bem acima de sua capacidade.

Existe uma lei geral que rege todos os seres da criação, animados e inanimados, que é a Lei do Progresso, estando os Espíritos a ela submetidos, de modo que sua exceção perturbaria a harmonia geral. Todavia, destaca que a Lei do Progresso não obriga o homem a passar pelo caminho do mal para chegar ao bem, submetendo-o a passar pelo estado de inferioridade intelectual, pela infância Espiritual. Como os Espíritos foram criados simples e ignorantes, adquirem por si mesmos e pela sua própria atividade a ciência e a experiência que não podem ter no início.

[137] REVISTA Espírita. 1864. Março. *Da perfeição dos seres criados*. Disponível em: <https://bit.ly/2KkoHap>. Acesso em: 19 de julho 2018.

Caso Deus os tivesse criado perfeitos, já os teria dotado, desde sempre, da universalidade dos conhecimentos, isentando-os de todo o trabalho intelectual, ter-lhes-ia tirado o esforço que os faz contribuir, como encarnados ou desencarnados, para aperfeiçoamento material dos mundos, atividade essa que não cabe mais aos Espíritos Superiores, encarregados tão somente de dirigir o aperfeiçoamento moral. Pela sua própria inferioridade, os Espíritos tornam-se uma engrenagem essencial à obra geral da criação.

De outro modo, criados infalíveis, onde estaria o livre-arbítrio e a independência? Submetendo os homens à Lei do Progresso, quis Deus que tivéssemos o mérito das conquistas e das obras, usufruindo a recompensa e a felicidade de termos, nós mesmos, alcançado tal posição. Por oportuno, menciona-se as palavras de Kardec que, em nosso sentir, completam toda a análise. Diz o Codificador:

> Sem a lei universal do progresso aplicada a todos os seres, deveria haver uma ordem de coisas completamente diferente a ser estabelecida. Sem dúvida, Deus tinha essa possibilidade, mas por que não o fez? Teria sido melhor de outro modo? Assim, ter-se-ia enganado! Ora, se Deus pôde enganar-se, é que ele não é perfeito, e se não é perfeito, não é Deus. Desde que não se pode concebê-lo sem a perfeição infinita, há que concluir-se que o que ele fez é o melhor. Se ainda não estamos aptos a compreender os seus motivos, certamente podê-lo-emos mais tarde, num estado mais adiantado[138].

Reconheçamos, por fim, que tudo no universo é regido por leis harmônicas, cuja sabedoria e admirável previdência confundem o nosso entendimento, mas a destinação

[138] REVISTA Espírita. 1864. Março. Disponível em: <https://bit.ly/2KkoHap>. Acesso em: 19 de julho de 2018.

final de todos é a mesma, a perfeição relativa, sendo esta trajetória livre e pessoal. Pretendermos que Deus tivesse regulado o mundo de outra maneira, significa dizer que, em seu lugar, teríamos feito melhor, o que é sinal, ainda, de nosso orgulho e ingratidão ao Pai celestial.

Por fim, tenhamos em mente que muitos Espíritos não precisam passar pelo mal em seu desenvolvimento, progridem passo a passo e sempre acompanhando a evolução do planeta onde nasceram em suas primeiras vidas, fazendo as melhores escolhas. Que possamos nós, a cada dia, procurar seguir as Leis de Deus para que, mais rapidamente, alcancemos a felicidade.

35. Qual a visão Espírita sobre a Arca de Noé?

Allan Kardec, na questão 59 de *O Livro dos Espíritos*, ao tecer considerações sobre as concordâncias bíblicas concernentes à criação, informa que os povos, em função de limitados conhecimentos, acabaram por formar ideias muito divergentes acerca da criação. Todavia, a razão fundamentada na Ciência pode comprovar a inverossimilhança de algumas teorias. Ressalta que as orientações que os Espíritos nos oferecem confirmam a opinião há muito admitida pelos homens mais esclarecidos.

Na sobredita questão, o codificador do Espiritismo aborda a questão do dilúvio geológico e o de Noé, entendendo que são cataclismos distintos. A geologia mostra que o grande cataclismo é anterior à aparição do homem, pois até hoje não se encontrou nas camadas primitivas qualquer traço de sua presença, nem de animais da mesma categoria.

Por esse raciocínio, considerando que contra a evidência científica não há raciocínios possíveis, conclui-se que o grande dilúvio geológico não foi o mesmo de Noé, posto que neste último a raça humana já se fazia presente. Desta feita, a existência do homem antes do dilúvio geológico é, tão somente, hipotética.

Caso, algum dia, a ciência encontre traços da existência do homem anteriores à grande catástrofe, estaria provado que Adão não foi o primeiro homem, ou que a sua criação se perde na noite dos tempos.

Kardec continua seu raciocínio, afirmando que:

> Admitindo-se que o homem tenha aparecido pela primeira vez na Terra 4.000 anos antes do Cristo e que, 1.650 anos mais tarde, toda a raça humana foi destruída, com exceção de uma só família, resulta que o povoamento da Terra data apenas de Noé, ou seja: de 2.350 anos antes da nossa era. Ora, quando os hebreus emigraram para o Egito, por volta de 1700 a.C., encontraram esse país muito povoado e já bastante adiantado em civilização. A História prova que, nessa época, as Índias e outros países também estavam florescentes, sem mesmo se ter em conta a cronologia de certos povos, que remonta a uma época muito mais afastada. *Teria sido preciso, nesse caso, que de 2300 a 1700 a.C., isto é, num espaço de 600 anos, não somente a posteridade de um único homem houvesse podido povoar todos os imensos países então conhecidos, suposto que os outros não o fossem, mas também 131 que, nesse curto lapso de tempo, a espécie humana houvesse podido elevar-se da ignorância absoluta do estado primitivo ao mais alto grau de desenvolvimento intelectual, o que é contrário a todas as leis antropológicas*[139] [grifo nosso].

Conclui-se, desta feita, que os textos bíblicos são figurados. A conclusão mais lógica defendida por Kardec é que o dilúvio de Noé tenha sido uma catástrofe parcial, confundida com o cataclismo geológico. Tal raciocínio

[139] KARDEC, Allan. *O Livro dos Espíritos*. 93ª ed. Brasília: FEB. 2013. questão 59. p. 72.

está previsto no livro *A Gênese*[140], no capítulo referente às revoluções do globo. Afirma o Codificador ser o dilúvio bíblico, também conhecido por "grande dilúvio asiático", fato cuja realidade não se pode contestar. O levantamento de uma parte das montanhas daquela região tê-lo ocasionado, sendo esta ideia corroborada pela existência de um mar interior, que ia do mar Negro ao oceano Bo real, segundo observações geológicas.

Conforme explica o Codificador, o mar de Azov, o mar Cáspio, cujas águas são salgadas; o lago Aral e os inúmeros lagos espalhados pelas imensas planícies da Tartália e as estepes da Rússia parecem ser resquícios daquele antigo mar. Posteriormente ao dilúvio universal, em decorrência do levantamento das montanhas do Cáucaso, parte daquelas águas foi levada para o norte, na direção do oceano Boreal e, outra parte para o sul, em direção ao oceano Índico. Essas teriam, então, inundado e devastado exatamente a região da Mesopotâmia e toda a área habitada pelos antepassados do povo hebreu.

Acresce que, conquanto esse dilúvio tenha se estendido por uma superfície muito grande, é atualmente ponto averiguado ter sido ele apenas local, não podendo ter sido causado por chuva. Por mais forte que fosse e, ainda que durante quarenta dias, os cálculos dão prova de que a quantidade de água não seria suficiente para cobrir toda a Terra, acima das mais altas montanhas.

Para os homens daquela época, conhecedores apenas de uma extensão muito limitada da superfície do globo e sem total ideia da sua configuração, a inundação que invadiu os países até então conhecidos, gerou a falsa percepção de que a Terra inteira foi alagada. Além disso, ressalta que se a esta crença acrescentarmos a forma

[140] *Id. A Gênese*. Brasília: FEB, 2013. p. 157.

imaginosa e hiperbólica da descrição, segundo o estilo peculiar oriental, não nos surpreende o exagero da narração bíblica.

Fica demostrado, portanto, ter sido o dilúvio asiático posterior ao aparecimento do homem na Terra, visto que a lembrança dele se conservou pela tradição em todos os povos daquela parte do mundo, os quais o consagraram em suas histórias. Da mesma forma, ocorreu após o grande dilúvio universal que assinalou o início do atual período geológico. Então, quando se fala em homens e animais antediluvianos, refere-se ao primeiro grande cataclismo, ou seja, o geológico.

36. Os astros influenciam a vida do homem?

Os astros, pelas energias que emitem, inegavelmente exercem influência uns sobre outros, razão pela qual, na Terra, certos fenômenos naturais e determinadas matérias absorvem também tais radiações de energia. Entretanto, o nosso modo de ser, de pensar, o nosso caráter e destino são frutos das nossas próprias aquisições, decorrentes de nossas atitudes pretéritas, de modo que recebemos influências de nós mesmos ou, também, de um outro ser humano, mas não dos astros.

Emmanuel, na obra *O Consolador*[141], respondendo à pergunta similar, informa que as antigas assertivas astrológicas têm a sua razão de ser, pois o campo magnético e as conjunções dos planetas exercem influência no complexo celular do homem físico, assim como na sua formação orgânica e no seu nascimento na Terra. Acrescenta o Mentor que se, de alguma forma, as influências astrais não favorecem algumas criaturas, cabe a cada uma delas

[141] XAVIER, Francisco Cândido. *O consolador*. Pelo Espírito Emmanuel. [s.l.]: L. Neilmoris, 2009. p. 51.

lutar contra os elementos perturbadores, pois acima de astrologia, vigorará sempre o Evangelho, e este ensina que cada qual receberá por suas obras, estando, portanto, o indivíduo sob as influências que merece.

Das observações de Emmanuel, verifica-se que a influência dos astros ocorre tão somente no tocante ao complexo celular do homem físico, mas não no seu caráter ou no seu destino. Exemplos deste fato é o maior número de partos em noites de Lua cheia, a influência da Lua nas marés, entre outros. Ainda na obra *O Consolador*, ao ser Emmanuel questionado se haveria influências espirituais entre o ser humano e o seu nome, tanto na Terra, como no Espaço, orienta que na Terra ou no plano invisível, tem-se a simbologia sagrada das palavras, mas que o estudo destas influências necessita de inúmeras considerações especializadas.

Acrescenta que, conquanto não possa afirmar com plena certeza, em algumas situações o comportamento do homem poderá sofrer certas alterações, como um estado de mau humor ou de tristeza causados pelas condições ambientais, como dias nebulosos ou chuvosos. Reforça, por outro lado, receber cada homem as influências a que fez jus, devendo cada ser renovar seus próprios valores, buscando realizações cada vez mais altas, na medida em que o determinismo de Deus é o do bem e os que se entregarem realmente a ele triunfarão de todos os óbices do mundo.

Em *A Gênese*[142] iremos encontrar algumas considerações interessantes acerca do tema. Abordando sobre as constelações, o codificador ensina que os grupos que tomaram o nome de constelações são agregados aparentes, cuja causa está na distância, não passando suas

[142] KARDEC, Allan. *A Gênese*. 53ª ed. Brasília: FEB, 2013. p. 89.

figuras de efeitos de perspectiva, não existindo, de fato, tais agrupamentos. Caso nos fosse possível transportar-nos para a reunião de uma dessas constelações, sua forma se desmancharia e novos grupos iriam se formar, à medida que nos aproximássemos dela.

Assim, diz Kardec que existindo esses agrupamentos senão na aparência, é ilusória a significação que vulgarmente o homem lhes atribui e que os nomes dados às constelações, como Leão, Touro, Gêmeos, Virgem, Balança, Capricórnio, Câncer, Órion, Hércules, Grande Ursa ou Carro de David, Pequena Ursa, Lira etc., em nenhum caso, guardam relação com os grupos de estrelas assim chamados, sendo inútil buscar tais formas no céu. Finaliza afirmando provir a crença na influência das constelações, sobretudo das que constituem os doze signos do zodíaco, da ideia ligada aos seus nomes, de modo que se a chamada leão fosse asno ou de ovelha, certamente o homem lhe atribuiria outra influência. Deste modo, sendo os agrupamentos de estrelas apenas efeitos de perspectiva, não cabe dizer que influenciam ou determinam o caráter de uma pessoa.

Analisemos, ainda, os efeitos do fenômeno chamado de precessão dos equinócios segundo as considerações de Kardec, ao afirmar:

> Além do seu movimento anual em torno do Sol, origem das estações, do seu movimento de rotação sobre si mesma em 24 horas, origem do dia e da noite, tem a Terra um terceiro movimento que se completa em cerca de 25.000 anos, ou, mais exatamente, em 25.868 anos, e que produz o fenômeno denominado, em Astronomia, precessão dos equinócios (cap. V, item 11). Este movimento, que não se pode explicar em poucas palavras, sem o auxílio de figuras e sem uma demonstração geométrica, consiste numa espécie de oscilação circular, que se há comparado à de um

pião a morrer, e por virtude da qual o eixo da Terra, mudando de inclinação, descreve um duplo cone, cujo vértice está no centro do planeta, abrangendo as bases desses cones a superfície circunscrita pelos círculos polares, isto é, uma amplitude de 23 graus e meio de raio. O equinócio é o instante em que o Sol, passando de um hemisfério a outro, se encontra perpendicular ao Equador, o que acontece duas vezes por ano, a 21 de março, quando o Sol passa para o hemisfério boreal, e a 22 de setembro, quando volta ao hemisfério austral[143].

Afirma Kardec que em decorrência da gradual mudança na obliquidade do eixo e, por consequência da mudança na obliquidade do equador sobre a eclíptica, o momento do equinócio vai avançando alguns minutos por ano, recebendo este avanço a designação de precessão dos equinócios, tornando-se esses minutos, com o tempo, horas, dias, meses e anos, de modo que o equinócio da primavera, verificado em março, em dado tempo ocorrerá em fevereiro, depois em janeiro, depois em dezembro. Em função disto, em dezembro ter-se-á a temperatura de março, em março a de junho e assim sucessivamente, até que retornando ao mês de março tudo volte ao estado atual, o que se dará após 25.868 anos, para recomeçar indefinidamente.

Considerando, portanto, o movimento cônico do eixo, os polos da Terra não olham constantemente os mesmos pontos do céu e a Estrela Polar não será sempre estrela polar, visto que, pouco a pouco, os polos se inclinam mais ou menos para o Sol e recebem dele raios mais ou menos diretos. Partindo deste raciocínio, se somente após 25.868 anos os agrupamentos retornam ao ponto inicial, conclui-

143 *Id., ibid.* p. 158.

-se que, dentro desse período, eles se movimentam constantemente, não sendo pontos fixos e, assim, não cabe dizer que o indivíduo, tendo nascido na hora tal de certo dia está sob influência de determinado astro, pois se verifica não permitir a movimentação acima mencionada uma precisão que nos garanta avaliar e estabelecer sua influência sobre o indivíduo.

Capítulo VI

Os Espíritos

37. O que é o Espírito?

Segundo os próprios Espíritos, estes "são individualizações do princípio inteligente, como os corpos são individualizações do princípio material. A época e o modo dessa formação é que são desconhecidos"[144]. Todos somos Espíritos, mas nós que vivemos aqui na Terra necessitamos da união entre Espírito e matéria para podermos dar vida a esta última. Os Espíritos são os seres inteligentes da criação, tendo sido criados por Deus simples e ignorantes, é dizer, sem sabedoria e sem a consciência do bem e do mal, sendo a inteligência, portanto, um atributo essencial do Espírito e não o próprio princípio inteligente.

Os Espíritos habitam o universo em variados estágios de desenvolvimento evolutivo e em diversas categorias de mundos. São dotados de aptidões para adquirir o conhecimento intelectual e moral através das reencarnações e, deste modo, a perfeição e a pureza.

Por oportuno, cabe trazer à baila as considerações do Espírito Miramez[145] acerca do que seja o Espírito, onde

---

[144] KARDEC, Allan. *O Livro dos Espíritos*. 93ª ed. Brasília: FEB. 2013. Questão 79. p. 86.

[145] *O Livro dos Espíritos* comentado pelo Espírito Miramez. Disponível em: <https://bit.ly/

assevera que definir o Espírito em todas as suas particularidades, no momento não seria possível, pois nos traria certa confusão em decorrência de sermos ainda crianças espirituais, aprendendo agora as primeiras letras sobre a vida, razão pela qual fica difícil definir a vida para aqueles que permanecem na morte.

Indaga como podem os encarnados e grande parte dos desencarnados desejarem conhecer os outros corpos usados pelos Espíritos, ou, mais além, conhecer o próprio Espírito, sem que antes se conheça o corpo físico e suas inúmeras funções. É preciso iniciar pela Terra para ser possível, posteriormente, sentir e perceber o Céu.

Afirma serem as forças do Espírito ilimitadas, desabrochando paulatinamente na alma que aprende a usar suas potencialidades e que a definição do Espírito, como muitos desejam, não está sendo negada por Deus, sendo dada apenas conforme os meios e as necessidades das almas, por intermédio de inúmeras obras e mensagens trazidas pela mediunidade, no Brasil e no mundo.

Os Espíritos constituem o mundo dos Espíritos ou das inteligências incorpóreas, sendo o Mundo Espiritual preexistente ao material. O Espírito não é divisível, é uma individualidade completa e, embora não seja palpável, não é o nada, pois o nada não existe, sendo uma matéria quintessenciada e sem analogia para nós, tão etérea que não pode ser percebida pelos nossos sentidos.

Kardec elucida serem os Espíritos imateriais, porque, pela sua essência, diferem de tudo o que conhecemos sob o nome de matéria, mas que em verdade somos como cegos no que tange à essência dos seres sobre-huma-

---

2tEIAxF>. Acesso em: 26 de junho de 2018.

nos e que só os podemos definir utilizando comparações sempre imperfeitas ou por um esforço da imaginação[146].

O Espírito, conquanto progrida através das inúmeras reencarnações, evolui também no Plano Espiritual, na erraticidade. Nela adquire conhecimentos especiais que não poderia adquirir na Terra, sendo o estado corpóreo e o estado Espiritual duas formas de progresso que se desenvolvem solidárias. É por esta razão que o Espírito passa alternativamente por esses dois modos de existência.

38. Como nascem os Espíritos?

Ao abordarmos sobre os elementos gerais do Universo, dissemos que o Espírito é o princípio inteligente do Universo e que provêm da evolução do princípio Espiritual, que vem se individualizando pouco a pouco. Saber, exatamente, como o Espírito nasce é, ainda, questão inabordável para a frágil inteligência humana, contudo sabemos que não é criado num átimo, instantaneamente, no momento da concepção, como sugere a teologia ortodoxa.

Kardec, em *O Livro dos Espíritos*, pergunta se os Espíritos tiveram um começo ou se existiram de toda a eternidade e, ainda, se são formados espontaneamente ou procedem uns dos outros. Os Espíritos Superiores afirmam:

> Se não tivessem tido princípio, seriam iguais a Deus, quando, ao invés, são criação sua e se acham submetidos à sua vontade. Deus existe de toda a eternidade, é incontestável. Quanto, porém, ao modo por que nos criou 139 e em que momento o fez, nada sabemos. Podes dizer que não tivemos princípio, se quiseres com isso significar que, sendo eterno,

[146] KARDEC, Allan. *O Livro dos Espíritos*. 93ª ed. Brasília: FEB. 2013. Questão 82. p. 86.

> Deus há de ter sempre criado ininterruptamente. *Mas quando e como cada um de nós foi feito, repito-te, nenhum o sabe: aí é que está o mistério.*
>
> [...] Deus os cria, como a todas as outras criaturas, pela sua vontade; *mas, ainda uma vez, a origem deles é mistério*[147] [grifo nosso].

O Espírito Miramez lembra que, conquanto o início e o modo como foram criados os Espíritos permaneçam como um mistério de Deus, a luz virá quando o Senhor achar conveniente. Deve, cada um de nós, estar preparado para este momento, como o aluno que domina todos os cursos, nas bênçãos do tempo, para receber o diploma[148].

O princípio Espiritual, até a efetiva criação dos Espíritos, passa por uma "gestação" no ventre da Natureza, um estágio entre os seres inferiores da criação por milhares de anos. Durante milênios reside nos cristais, adquirindo os movimentos internos de organização e crescimento volumétrico, posteriormente seguindo para os reinos vegetal e animal, até estar apto para adentrar no reino hominal. Tal informação é ratificada pelo Espírito André Luiz, na obra *Mundo Maior*, quando afirma:

> [...] *o princípio Espiritual, desde o obscuro momento da criação, caminha sem detença para frente.* Afastou-se do leito oceânico, atingiu a superfície das águas protetoras, moveu-se em direção à lama das margens, debateu-se no charco, chegou à terra firme, experimentou na floresta copioso material de formas representativas, ergueu-se do solo, contemplou os céus e, *depois de longos milênios, durante os quais aprendeu a procriar, alimentar-se, escolher, lembrar e sentir, conquistou a inteligência...* Viajou do simples

[147] *Id., ibid.* questão 78; 81. p. 86.

[148] *O Livro dos Espíritos* comentado pelo Espírito Miramez. Disponível em: <https://bit.ly/2Ko-2qV8>. Acesso em: 27 de junho 2018.

impulso para a irritabilidade, da irritabilidade para a sensação, da sensação para o instinto, do instinto para a razão. *Nessa penosa romagem, inúmeros milênios decorreram sobre nós.* Estamos, em todas as épocas, abandonando esferas inferiores, a fim de escalar as superiores. *O cérebro é o órgão sagrado de manifestação da mente, em trânsito da animalidade primitiva para a Espiritualidade humana*[149] [grifo nosso].

Sobre o tema, em *O Livro dos Espíritos*, o Codificador questiona onde passa o Espírito essa primeira fase do seu desenvolvimento, quando sua inteligência apenas desabrocha e se ensaia para a vida. A Espiritualidade o responde informando que essa primeira fase é vivida em uma séria de existências que precedem o período ao qual chamamos de humanidade. Em verdade, observa-se que tudo se encadeia e tende para a unidade na Natureza e, nesses seres, o princípio inteligente elabora-se, individualiza-se pouco a pouco e ensaia para a vida, como um trabalho preparatório para que, no futuro, o princípio inteligente sofra uma transformação e se torne Espírito, entrando no período da humanização[150].

Portanto, até que o princípio Espiritual seja um dia transformado em Espírito, a lógica nos diz passar o mesmo por um escalonamento durante a evolução, envolvendo espécies e raças, no reino vegetal e animal, embora não saibamos como se opera, estando também submetido à reencarnação, quando então se desenvolve em complexidade até estar apto para a sua transformação em Espírito. Léon Denis, acerca do tema, assevera:

[149] XAVIER, Francisco Cândido. *No Mundo Maior*. Espírito André Luiz. [s.l]: Luz Espírita, 2011. p. 37.

[150] KARDEC, Allan. *O Livro dos Espíritos*. 93ª ed. Brasília: FEB. 2013. Questão 607. p. 252.

> Na planta, a inteligência dormita; no animal, sonha; só no homem acorda, conhece-se, possui-se e torna-se consciente; a partir daí, o progresso, de alguma sorte fatal nas formas inferiores da Natureza, só se pode realizar pelo acordo da vontade humana com as leis Eternas[151].

Em cada reino da natureza, gradativamente, o princípio Espiritual evolui e agrega valor, extraindo de cada um deles os subsídios necessários para sua evolução. Manifesta-se nos reinos da seguinte maneira:

1. *Reino Mineral:* Na fornia de movimento da matéria, o átomo já se agita por si só. Adquire o poder agregador da matéria.
2. *Reino Vegetal:* Através do germinar, nascer, crescer e morrer. Adquire a sensibilidade.
3. *Reino Animal:* Através do instinto e das sensações. Adquire a motilidade, que é a capacidade de locação.
4. *Reino Hominal:* Sob a forma de consciência, de racionalidade. Adquire a Inteligência.

Em cada uma dessas fases existe uma zona intermediária, um elo que liga duas partes de um determinado sistema, como por exemplo os vegetais carnívoros entre os reinos vegetal e animal. No caso da transição do reino animal para o reino hominal, a ausência de elos na Terra deve-se ao fato de que a evolução processa-se também fora da matéria, no Plano Espiritual, conforme muito bem ilustrado por Luiz Gonzaga Pinheiro[152], no livro *O Perispírito e Suas Modelações*.

151 DENIS, Léon. *O Problema do Ser, do Destino e da Dor*. [s.l.]: Luz Espírita, 2013. p. 91.

152 PINHEIRO, Luiz Gonzaga. *O Perispírito e suas modelações*. Capivari: EME, 2000. p. 40.

Diz o autor que em certos trechos do caminho encontram-se os elos, permitindo formar pontos de contato entre os aclives do terreno, mas que na reconstrução da árvore genealógica dos seres vivos do nosso planeta, ou mesmo entre um ser mais evoluído e outro que lhe é inferior, há diversos elos desconhecidos, tornando impossível a total reconstituição da história biológica das espécies.

Orienta que a ausência de elos faltosos ocorre em virtude da evolução não ocorrer apenas no plano físico, mas também fora da matéria, momento em que o princípio inteligente, revestido somente da fôrma perispiritual, sofre alterações adaptativas que serão materializadas quando de sua nova reencarnação. Além disso, quando da transferência do princípio inteligente para o Plano Espiritual, por conta do impulso a que todos estão submetidos para o crescimento, é possível, ainda, que animais e vegetais sejam aclimatados e modificados, de modo que ao retornaram ao ambiente físico estejam com outra roupagem, decorrente das chamadas mutações adaptativas.

Sobre o elo entre os reinos, André Luiz também afirma que o princípio Espiritual sofre constantes modificações nos dois planos da vida em que se manifesta, razão pela qual variados elos da evolução fogem à pesquisa dos naturalistas. Vejamos:

> Compreendendo porém, que o *princípio divino* aportou na Terra, emanado da esfera Espiritual, trazendo em seu mecanismo o arquétipo a que se destina, qual a bolota de carvalho encerrando em si a árvore venerando que será de futuro, não podemos circunscrever-lhe a experiência ao plano físico, simplesmente considerado, porquanto, *através do nascimento e morte da forma, sofre constantes modificações nos dois planos em que se manifesta, razão pela qual variados elos da evolução fogem à pesquisa dos naturalistas, por representarem estágios de consciên-*

cia fragmentária fora do campo carnal propriamente visto, nas regiões extrafísicas, em que essa mesma consciência incompleta prossegue elaborando o seu veículo sutil, então classificado como protoforma humana, correspondente ao grau evolutivo em que se encontra[153][grifo nosso].

A partir do momento que o princípio Espiritual é transformado em Espírito, individualiza-se completamente e passa a encarnar no reino hominal. O processo evolutivo não finaliza no reino hominal, o próximo passo da humanidade é o reino angélico, quando os Espíritos alcançam a pureza.

Por toda a exposição realizada, constata-se existir, portanto, diferença entre princípio inteligente e Espírito, pois *o princípio inteligente é o elemento inteligente universal, ainda em processo de individualização*, enquanto que o *Espírito* já é uma individualidade, consciente de sua existência e responsável pela sua evolução.

39. Os Espíritos foram criados todos ao mesmo tempo?

Não. Segundo a Espiritualidade Superior a criação dos Espíritos é permanente, Deus não cessou jamais de criar, sendo esta a informação transmitida a Kardec em *O Livro dos Espíritos*[154]. Portanto, há Espíritos mais antigos e Espíritos mais recentes. Vários de nós somos criados ao mesmo tempo, permitindo que nos relacionemos e progridamos, embora estejamos a todo momento convivendo com Espíritos mais novos, iguais ou mais velhos em

---

[153] XAVIER, Francisco Cândido; VIEIRA, Waldo. *Evolução em dois mundos*. Espírito André Luiz. [s.l.]: L. Neilmoris, 2008. Cap. 3. Evolução e Corpo Espiritual. Elos desconhecidos da evolução. p. 23.

[154] KARDEC, Allan. *O Livro dos Espíritos*. 93ª ed. Brasília: FEB. 2013. Questão 80. p. 86.

criação. Desta feita, como os Espíritos não foram criados todos numa mesma época, individualizando-se em tempos diferentes, contam eles 'idades' diversas.

Como o processo de evolução no universo é constante, novas consciências sempre vão se formando a partir de energias que se agregam, de modo que Deus continua criando e assim continuará. Em *O Livro dos Espíritos* comentado pelo Espírito Miramez[155], temos um maior detalhamento sobre o momento da nossa criação.

Ratifica a informação de que os Espíritos foram criados e continuam a ser criados por Deus, mas que esta capacidade foge às nossas análises, considerando não ter a criação capacidade de compreender o Criador, mas tão somente entender mais ou menos Seus objetivos. Lembra que se Deus tivesse criado tudo nos princípios da eternidade, estaria inerte, o que é contrário às Suas próprias leis, razão pela qual Ele trabalha constantemente.

De modo a compreender melhor este raciocínio, o Espírito Miramez sugere observar o corpo humano, forma grandiosa, no degrau de despertamento do Espírito, sendo a sua vida movimento, assim como tudo no Universo, bastando analisar os próprios pensamentos e verificar que eles são ativos, na atividade da vida.

A evolução é constante e, a todo momento, novos Espíritos são criados pelas mãos de Deus. Os Espíritos anteriormente criados continuam seguindo sua evolução, não sendo afetados, em condição alguma, pela criação de novos Espíritos. O processo individual de evolução é propiciado pela reencarnação que permite a cada um repetir quantas vezes forem necessárias as experiências que ne-

[155] *O Livro dos Espíritos* comentado pelo Espírito Miramez. Disponível em: <https://bit.ly/2KbB1ts>. Acesso em: 27 de junho de 2018.

cessitam para o aprendizado das leis divinas, especialmente do amor e da caridade.

Quando Kardec pergunta se os Espíritos formam-se espontaneamente ou procedem uns dos outros, a Espiritualidade responde que Deus cria, pela Sua vontade, Espíritos como cria a todas as outras criaturas do Universo, demonstrando ser a criação do Espírito um processo natural e constante dentro das Leis Divinas. A imutabilidade Divina está nas suas Leis e a criação gradativa e progressiva obedece a essas mesmas Leis. Exemplo disso são as sementes, que após germinarem, geram árvores frondosas, que darão frutos e mais sementes.

O Espírito, sendo ou não da primeira geração da criação Divina, encontrará sempre todas as condições necessárias para progredir e evoluir. Aos de primeira geração, suas experiências serão limitadas pelo conhecimento que tenham que adquirir, sem haver antecessores a lhes indicar qualquer caminho, entretanto, mesmo os "simples e ignorantes" já possuem inteligência individualizada, proporcionando-lhes o uso da lógica e da razão.

40. O Espírito morre ou existe um fim para ele?

Não. A existência do Espírito não tem fim, segundo informação dos Espíritos Superiores. Kardec aborda o tema e questiona se as individualidades têm um termo, se em certo tempo, o elemento de que são formados volta à massa donde saiu, como sucede com os corpos materiais, informando os Espíritos haver muitas coisas que não compreendemos, por conta da inteligência limitada, mas afirmam não ter fim a existência dos Espíritos, sendo tudo o que pode ser dito no momento[156].

[156] KARDEC, Allan. *O Livro dos Espíritos*. 93ª ed. Brasília: FEB. 2013. Questão 83. p. 87.

Pelas palavras da Espiritualidade Superior ao afirmar que é o que se pode dizer por agora, verificamos que sobre a questão ainda há muito a aprender e quando estivermos mais evoluídos e depurados, teremos condições de aprofundar nosso aprendizado. É exatamente sobre este aspecto da pergunta que Miramez faz suas considerações.

Reafirma que o Espírito encarnado sofre grandes limitações no que concerne à capacidade de maior entendimento sobre a Vida Espiritual, sendo tal dificuldade também observada pelos desencarnados, incapazes de responder a determinadas perguntas feitas pelo homem, pois nem tudo lhes é dado saber, na medida em que o conhecimento sempre acompanha o crescimento Espiritual.

Compreende que a pergunta tenha sido feita pautada na razão. Se algo tem início, deve ter também um fim, mas lembra de que as leis no plano maior da vida nem sempre têm relação com as que existem na Terra e que são conhecidas pelos homens. Assim, algo que é impossível para os homens não o é para Deus, de modo que o entendido como fim sofre diferenciação nas mãos do Criador.

Finaliza suas considerações afirmando que, se somos semelhantes ao Criador, somos eternos, e o tempo como Espíritos servirá para promover a renovação interior, quanto mais velhos, mais novos[157].

A absorção do Espírito no todo universal, depois da morte, é crença da Doutrina Panteísta, segundo a qual o ser vive uma existência e, ao desencarnar, o Espírito volta para o todo universal. A pergunta de Kardec aos Espíritos é diferente dessa crença, a indagação dele não é se depois de uma vida o Espírito voltaria para esse todo e perderia a sua individualidade, mas se o Espírito, depois de ter

---

[157] *O Livro dos Espíritos* comentado pelo Espírito Miramez. Disponível em: <https://bit.ly/2KhSUH0>. Acesso em: 28 de junho de 2018.

passado por inúmeras reencarnações e conquistado a perfeição que lhe seja possível, ainda continua como ser individualizado ou se é absorvido por este todo universal.

Portanto, Kardec questiona se, considerando ser o Espírito criado simples e ignorante para, através das várias reencarnações, chegar à perfeição, caso chegue na meta, no objetivo, ele continuaria existindo como um ser individual ou passaria a compor o todo universal por já ter alcançado o objetivo. Para que possamos afirmar que o Espírito não tem fim, que ele seja realmente eterno, é necessário que para sempre lhe sejam preservadas a individualidade e a consciência de si mesmo, pois sem a consciência acabaríamos deixando de existir como um ser ativo, já que não mais teríamos o livre-arbítrio. Uma vez absorvidos no todo universal perderíamos a capacidade de agir individualmente e a própria identidade. Isso seria o mesmo que deixar de existir, ter um fim.

Os Espíritos Superiores, embora nos digam que ainda não podemos compreender tudo, afirmam que o Espírito é eterno e, em sendo eterno, precisa preservar para todo o sempre a sua individualidade.

41. Espírito e alma têm o mesmo significado?

Para a Doutrina Espírita, a alma é o Espírito encarnado, e Espírito é a alma desencarnada. Podemos dizer, então, terem os dois vocábulos o mesmo significado, com diferenças apenas de momento e local, de tempo e espaço. Kardec, na introdução de *O Livro dos Espíritos*[158], após definir o vocábulo Espiritismo, apresenta um interessante estudo sobre o termo alma, do qual destacamos algumas ideias.

[158] KARDEC, Allan. *O Livro dos Espíritos*. 93ª ed. Brasília: FEB. 2013. Introdução. p. 14.

Recorda ser o termo alma utilizado comumente em três aspectos diversos, o que acaba dificultando a expressão e compreensão do mesmo. Para uns, alma seria o princípio da vida material orgânica, sem existência própria e se aniquilaria com a vida, portanto, seria um efeito e não causa. Para nós Espíritas, esta ideia é mais apropriada para definir o princípio vital ou fluido vital, elemento comum em todos os seres vivos, e não a alma.

Há uns que acreditam que o termo tem o sentido de princípio da inteligência, agente universal do qual cada ser absorve uma porção. Entendem que haveria no Universo uma só alma, distribuída pelos seres inteligentes enquanto com vida e, após a morte, essas centelhas voltariam ao todo.

Outra concepção compreende a alma como um ser moral, distinto, independente da matéria e que mantém a individualidade após a morte. Allan Kardec, diante desse tríplice aspecto do termo, julga mais lógico tomá-lo na sua acepção vulgar, chamando alma ao ser imaterial e individual que em nós reside e sobrevive ao corpo.

Em suas considerações sobre a alma, o Espírito Miramez reforça o pensamento acima, sugerindo que deixemos de lado a polêmica sobre a qual o significado do termo alma e façamos como os Espíritos que assistiram a Kardec, chamando o Espírito de alma, quando na carne.

Ressalta, ainda, que ao usarem o termo Espírito referem-se "àquele livre princípio divino, imortal, por ter saído da imortalidade, portador de consciência, atributo do Espírito em consonância com a consciência soberana[159]."

[159] *O Livro dos Espíritos* comentado pelo Espírito Miramez. Disponível em: <https://bit.ly/2tI0qjs>. Acesso em: 28 de junho de 2018.

Paulatinamente, estamos seguindo para uma compreensão cada vez maior acerca das leis espirituais, graças à permissão dada por Deus para que os Espíritos venham nos contar e mostrar a vida no Mundo Espiritual. Que possamos seguir estudando, aprendendo e trabalhando no bem para que, ao chegar à pátria Espiritual, sintamos alegria pelo dever cumprido.

42. Espírito tem sexo?

A Espiritualidade Superior, ao ser questionada se os Espíritos têm sexo, responde que não como o entendemos, pois dependem os sexos da constituição orgânica, havendo entre os Espíritos amor e simpatia, baseados na afinidade de sentimentos. Além disso, acrescenta que o Espírito que animou o corpo de um homem pode animar o de uma mulher, numa nova existência, pois são os mesmos Espíritos que animam os homens e as mulheres[160].

Segundo os ensinamentos dos Espíritos, não há uma preferência de se encarnar num corpo de homem ou de mulher, pois isso depende diretamente das provas que tiver de sofrer[161]. Comentando o assunto, Kardec assevera que os Espíritos encarnam como homens ou mulheres exatamente porque não têm sexo e, na medida em que precisam progredir em tudo, cada sexo oferece provas e deveres especiais, permitindo aquisição de novas experiências.

Podemos observar que os Espíritos podem reencarnar tanto na polaridade masculina quanto na feminina, possuindo, na vestimenta perispiritual, órgãos genitais dos dois sexos em potencial. Reencarnando inúmeras vezes

---

[160] KARDEC, Allan. *O Livro dos Espíritos*. 93ª ed. Brasília: FEB. 2013 questão 200-201. p. 135.

[161] *Id., ibid.* questão 202. p. 135

como homem e como mulher, o Espírito desenvolve suas potencialidades e aprende a exercitar o que há de melhor na masculinidade e na feminilidade.

Contudo, não há nas reencarnações, necessariamente, uma alternância constante entre a polaridade masculina e feminina, podendo o Espírito reencarnar várias vezes como homem ou mulher, alternando o sexo com menos frequência, sempre de conformidade com suas necessidades evolutivas. A alternância entre os sexos ocorrerá até que se atinja estágios mais altos de Espiritualidade, pois Espírito puro apresenta perfeito equilíbrio entre a masculinidade e a feminilidade, sendo por esta razão que se costuma dizer que Espíritos Puros não tem sexo.

Tal constatação, todavia, pode levantar o seguinte questionamento: como é possível, então, que nas obras mediúnicas, e mesmo nas reuniões mediúnicas, os Espíritos apresentem-se com a forma masculina e feminina, até mesmo como namorados e, eventualmente, vivendo na erraticidade na condição de esposos?

A razão para isso é o fato de os seres espirituais, ainda presos às injunções carnais, embora detenham em potencial as duas polaridades, seguramente experimentam uma delas com maior intensidade, de acordo com inúmeras experiências reencarnatórias vivenciadas. O próprio codificador, em ensaio publicado na Revista Espírita, janeiro de 1866, reforça este entendimento, ao afirmar:

> Sofrendo o Espírito encarnado a influência do organismo, seu caráter se modifica conforme as circunstâncias e se dobra às necessidades e exigências impostas pelo mesmo organismo. Esta influência não se apaga imediatamente após a destruição do invólucro material, assim como não perde instantaneamente os gostos e hábitos terrenos. Depois, pode acontecer que o Espírito percorra uma série de

existências no mesmo sexo, o que faz que, durante muito tempo, possa conservar, no estado de Espírito, o caráter de homem ou de mulher, cuja marca nele ficou impressa. *Somente quando chegado a certo grau de adiantamento e de desmaterialização é que a influência da matéria se apaga completamente e, com ela, o caráter dos sexos*[162][grifo nosso].

Desta feita, podemos verificar que esta distinção entre os sexos é transitória. Com o desdobramento das experiências evolutivas opera-se um equilíbrio perfeito entre a masculinidade e a feminilidade. Os Espíritos puros, detentores da perfeição relativa, não mais presos às paixões e aos desejos terrenos, alcançam uma unissexualidade plena, com perfeito equilíbrio das polaridades sexuais dentro de si.

Na obra *O Céu e o Inferno*, o Espírito Sanson[163], antigo membro da Sociedade Espírita de Paris, desencarnado em 21 de abril de 1862, recebe de Kardec a seguinte pergunta:

> Os Espíritos não têm sexo; entretanto, como há poucos dias ainda éreis homem, no vosso novo estado tendes mais da natureza masculina que da feminina? Acontece o mesmo com um Espírito que tenha deixado seu corpo há muito tempo?

Em sua resposta, o Espírito Sanson informa que os Espíritos não precisam ser da natureza masculina ou feminina, pois não se reproduzem e como Deus, por seus designíos divinos, quis que os Espíritos reencarnassem na Terra, teve que acrescentar a reprodução das espécies pelo

---

[162] O CONSOLADOR. *Sexo nos Espíritos: o pensamento de Kardec*. Disponível em: <https://bit.ly/2KuEMJX>. Acesso em: 29 de junho de 2018.

[163] KARDEC, Allan. *O Céu e o Inferno*. 61ª ed. Brasília: FEB, 2013. p. 166.

macho e a fêmea. Kardec, na oportunidade, comenta que sempre disseram não terem sexo os Espíritos, pois que necessário, tão somente, à reprodução dos corpos e, desde que não se reproduzem, o sexo ser-lhes-ia inútil. Acresce que almejava com a pergunta não confirmar o fato, mas saber se o Sr. Sanson, por ter desencarnado há pouco tempo, guardava as impressões do seu estado terreno.

O Codificador explica, ainda, que os Espíritos puros compreendem perfeitamente a sua natureza, mas entre os inferiores, não desmaterializados, há os que pensam estar encarnados sobre a Terra, com as mesmas paixões e desejos. Pensam ser ainda os mesmos, homem ou mulher, supondo terem mesmo um sexo. Logo, as contradições decorrem da diversidade de adiantamento dos Espíritos que se manifestam.

Vale ressaltar, também, referirem-se as descrições do Mundo dos Espíritos via mediúnica a regiões muito próximas da crosta terrestre, habitadas por Espíritos ainda muito materializados. Poucas são as referências que possuímos da vida dos Espíritos em esferas superiores. Em *O Livro dos Médiuns*, item 74, Kardec escreveu:

> Nos Espíritos inferiores, ao contrário, aproxima-se da matéria e é o que faz que os Espíritos de baixa condição conservem por muito tempo as ilusões da vida terrestre. Esses pensam e obram como se ainda fossem vivos; experimentam os mesmos desejos e quase que se poderia dizer a mesma sensualidade[164].

Em referida assertiva Kardec auxilia-nos a explicar os relatos mediúnicos sobre Espíritos atormentados pelas emoções sexuais, conhecidos na literatura como vampiros da sexualidade de encarnados. Como não podem saciar

[164] KARDEC, Allan. *O Livro dos Médiuns*. 7ª1 ed. Rio de Janeiro: FEB, 2013. p. 106.

sua libido na Espiritualidade, magneticamente acoplam-se a casais imprevidentes e com a sexualidade em desequilíbrio, com os quais sintonizam, absorvendo as emanações psíquicas liberadas durante a relação sexual.

O Espírito Miramez, também traz sua contribuição sobre o tema, ensinando que o sexo existe nos Espíritos, mas que nas condições em que se encontra a alma na escala da vida. As formas de sexo no Mundo Espiritual variam conforme a evolução do Espírito. Lembra que assim como acontece na Terra, na Espiritualidade muitos entendem que o amor é sexo e vice-versa. Entretanto, quanto mais se evolui, mais se sente transcender o amor ao instinto e ao fator biológico, sendo o ato sexual troca de valores na ordem natural da vida, e esses valores, nas esferas elevadas, são de ordem divina, pelos sentimentos.

Por outro lado, ensina Miramez que no astral inferior a situação é diversa, as almas encontram-se ainda materializadas e os processos sexuais são compatíveis com os da Terra, passando não raro à luxúria, com práticas que os homens encarnados copiam e transmitem para aqueles sequiosos da animalidade na Terra. Destaca que a pureza de sentimentos somente existe para os Espíritos puros, vigorando para esses as leis naturais em todo o seu esplendor. Inclusive, objetivando comprovar sua afirmação, comenta dos sonhos que muitas pessoas têm em regiões inferiores, usando e abusando do sexo como se estivessem no próprio corpo.

Na obra *O Sexo Além da Morte*, seu autor, R. A. Ranieri, através de desdobramentos, visita zonas da Espiritualidade em que se encontram criaturas profundamente envolvidas com problemas sexuais que lhes impedem a marcha ascensional. Conforme o seu depoimento e observações, estes Espíritos, por estarem tão fortemente arraigados às práticas aberrantes e viciosas, apresentam o perispírito totalmente deformado. Normalmente são Espíritos que durante a reencarnação abusaram do sexo e continuam, mesmo após a desencarnação, com os mesmos hábitos infelizes, condicionados a práticas libidinosas.

Estes Espíritos desencarnados, fortemente apegados à matéria e, no caso, aos desejos sexuais, não são ainda capazes de usufruir a sexualidade baseada no amor e vivenciada em vibração energética superior. Desta feita, presos às sensações mais rudes, tentam praticar o sexo de modo idêntico aos encarnados e não conseguem ter êxito, devido

> [...] à inércia do sexo de periferia, como igualmente da necessidade do contato grosseiro com a matéria física, levando-os, pelo menos, os mais atrasados, a compartilhar com os encarnados, com os quais se afinizam, na prática do sexo promíscuo, exercendo ação vampiresca[165].

Assim, vivem nos motéis terrenos, usufruindo dos prazeres sexuais junto aos encarnados com que têm afinidade, em processos obsessivos[166] recíprocos. Kardec, examinando o sofrimento advindo das paixões inferiores, traz em *O Livro dos Espíritos* o seguinte pensamento dos Benfeitores: "Se as paixões não existem materialmente, elas existem ainda no pensamento dos Espíritos atrasados"[167]. Referindo-se à impossibilidade do intercurso

[165] A CASA DO ESPIRITISMO. *Os Espíritos têm sexo?* Disponível em: <https://bit.ly/2KzkvzA>. Acesso em: 29 jun. 2018.

[166] A obsessão, caracteriza-se pelo domínio que alguns espíritos logram adquirir sobre certas pessoas, não sendo praticado senão por espíritos inferiores que procuram dominar o obsediado. É a ação persistente que um espírito mau exerce sobre um indivíduo, apresentando caracteres muito diversos, podendo ser uma simples influência moral, sem sinais exteriores perceptíveis, até a perturbação completa do organismo e das faculdades mentais.

[167] KARDEC, Allan. *O Livro dos Espíritos*. 93ª ed. Brasília: FEB. 2013. Questão 972. p. 436.

sexual entre eles, comenta que esse tipo de paixão causa suplício no Espírito debochado que vê as orgias de que não pode tomar parte.

Na obra *Sexo e Destino*[168], ditada pelo Espírito André Luiz, através dos médiuns Francisco Cândido Xavier e Waldo Vieira, somos informados da existência do Hospital-escola Almas Irmãs, instituição destinada a socorrer Espíritos desencarnados necessitados de reeducação sexual. O Espírito André Luiz, ao pedir informações ao instrutor Neves acerca do Instituto, recebe o esclarecimento de que a agremiação possuía vasta dependência reservada a enfermos e era de suma importância para os candidatos à reencarnação, sendo que os internados ou estudantes vinham, na maior parte, de estâncias purgatoriais, após estarem aliviados das consequências mais imediatas dos vícios e paixões aviltantes, por eles acalentados no plano físico.

Os corações eram examinados de forma rigorosa, atendendo a critério de seleção, conforme a angústia expiatória em que se demoravam, e somente após serem considerados aptos, entravam naquele pouso de refazimento para estações mais ou menos longas de estudo e meditação, objetivando pesquisar as causas e observando os efeitos das quedas de natureza afetiva em que se haviam precipitado. Informa, ainda, que todos eles, após suficiente instrução, retornavam ao campo físico pela reencarnação, nos ambientes em que faliram e, tanto quanto possível, nas famílias consanguíneas que lhes impuseram prejuízos ou que lhes sofreram os danos.

No Hospital-escola Almas Irmãs, muitos Espíritos equivocados espiritualmente, obtinham o conhecimento

[168] XAVIER, Francisco Cândido; VIEIRA, Waldo. *Sexo e Destino*. Pelo Espírito André Luiz. Rio de Janeiro: FEB, [2013?]. p. 263.

para que pudessem aplicá-lo quando do retorno ao plano físico da Terra, oportunidade em que, através das dificuldades e tentações contínuas da vida material, comprovariam a assimilação das virtudes adquiridas.

No Hospital-escola os enfermos têm, como tema central de estudos, o sexo, pesquisado e enobrecido nas inúmeras Faculdades de ensino e desdobrado em especialidades como: sexo e amor, sexo e matrimônio, sexo e maternidade, sexo e estímulo, sexo e equilíbrio, sexo e medicina, sexo e evolução e sexo e penalogia. O tema é complexo e está aberto a novas contribuições, mas esperamos ter colaborado para o debate.

43. O que realmente nos garante que existe vida após a morte?

Antes de abordamos sobre a prova da vida após a morte, é importante trazermos algumas das razões pelas quais o homem tem dificuldade de aceitar a imortalidade da alma e a sua sobrevivência. Podemos afirmar representar o fato de o ser humano não conseguir perceber, com os sentidos físicos, os Espíritos e o Plano Espiritual, o ponto principal da incredulidade ainda observada na Terra. Contudo, precisamos ponderar que o não perceber algo pelos sentidos físicos não representa a sua inexistência, basta para isso lembrarmos do mundo microscópico, comprovadamente existente, mas não perceptível diretamente pelo homem. Não deve a criatura, então, aceitar como verdadeiro tão somente aquilo que pode ser efetivamente percebido pelos cinco sentidos.

A crença na vida após a morte, historicamente, faz parte da cultura e religião de diferentes povos, sendo uma das mais difundidas nas filosofias e nas religiões do Oriente e do Ocidente. Em artigo intitulado "A

Imortalidade do Ser Humano"[169], disponível no site da Federação Espírita Brasileira, observamos ser o conceito de existência e sobrevivência da alma admitido desde tempos longínquos, tendo sido consolidado com as ideias trazidas pelos filósofos Sócrates, Platão, Pitágoras, entre outros. Para o Espiritismo esse é um tema pacífico, o ser humano é imortal, não morre, sendo sua sobrevivência comprovada por inúmeros fatos mediúnicos e por fenômenos de emancipação da alma.

Além de sermos Espíritos imortais, conservamos a nossa individualidade no Mundo Espiritual, para onde retornaremos após a morte do corpo físico. Como provas da Vida Espiritual, por oportuno, citamos:

1. *Fenômenos de exteriorização da alma:* Durante o sono, enquanto o nosso corpo descansa e os nossos sentidos estão relativamente inativos, conseguimos vivenciar experiências - os sonhos - magníficas, extremamente reais, não podendo significarem exclusivamente alucinação. Esses fenômenos representam a emancipação da nossa alma, auxiliando na comprovação de possuir o ser humano algo além do corpo físico, que nada mais é do que o nosso Espírito, nossa individualidade que sobrevive ao corpo material. Os fenômenos de exteriorização da alma são bem observados nos casos de clarividência sonambúlica, onde as percepções e as ideias transmitidas pelos sonâmbulos não podem ser transmitidas pelos órgãos físicos, demonstrando estar a sua alma livre e gozando da vida relativa de Espírito.

2. *Casas mal-assombradas e o transporte de objetos:* O fenômeno das casas mal-assombradas é um dos mais conhecidos e frequentes na humanidade, não havendo quem

---

[169] FEDERAÇÃO ESPÍRITA BRASILEIRA. *A Imortalidade do Ser Humano*. Disponível em: <https://bit.ly/2ICEn36>. Acesso em: 29 de junho de 2018.

dele não tenha ouvido falar. Numerosos são os lugares mal-assombrados, as casas em cujas paredes e assoalhos não se tenham ouvido, em alguma época, ruídos e pancadas ou, ainda, o transporte e o deslocamento de objetos, grandes ou pequenos, sendo mesmo arremessados no ar. Lembremos, inclusive, ter a história do Espiritismo começado por um caso de natureza mal-assombrada, com a família Fox, numa casa em Hydesville, no ano de 1848.

3. *Fenômeno das mesas girantes:* Designação dada às comunicações dos Espíritos por intermédio da movimentação de uma mesa, que podia rodar, levantar, dar batidas etc. Conquanto o movimento pudesse ser alcançado com outros objetos, por ter sido a mesa utilizada no início do Espiritismo, acabou sendo mantida a denominação de mesas girantes, como a indicar este tipo de fenômeno.

4. *Manifestação dos Espíritos pela escrita:* São diversos os mecanismos de comunicação pela escrita, chamada psicografia, podendo ser: 1) Indireta, quando obtida por intermédio de pranchas, cestas e mesinhas onde um lápis é adaptado. 2) Direta ou manual, quando o médium, por influência dos Espíritos, escreve diretamente a mensagem. 3) Pneumatografia, quando há a produção espontânea da mensagem, sem o concurso da mão do médium ou de um lápis.

5. *Manifestação dos Espíritos pela audição e pela palavra:* Os Espíritos podem se comunicar por intermédio do aparelho auditivo do médium ou pelos seus órgãos da fala, sendo possível manter conversa entre eles. O médium, nestas situações, transmite o que ouviu do Espírito ou permite que esse, diretamente, fale por meio de seu aparelho fonador. Tal fato pode acontecer estando o médium consciente ou não, não raro falando de coisas estranhas ao seu conhecimento ou ideias cotidianas.

6. *Aparições e materializações de Espíritos:* As aparições ocorrem quando os Espíritos conseguem ser visualizados por pessoas com a capacidade de ver Espíritos, os chamados médiuns videntes. Já as materializações ocorrem quando o Espírito se torna visível, de modo parcial ou total, para toda e qualquer pessoa, independentemente de ter essa mediunidade ostensiva. As aparições podem ser de forma vaporosa, meio imprecisa, como também nítidas e com toda a aparência de um encarnado. Em certos casos de materialização, pode-se mesmo tocar e sentir o Espírito, adquirindo ele tangibilidade.

7. *Fenômenos de quase morte:* No caso as pessoas relatam flutuar acima do corpo físico, tendo consciência nítida das duas realidades, a física e a Espiritual. Outras dizem viajar por um túnel luminoso, ficando seus sentidos muito ampliados, ocorrendo também relatos de encontros com parentes, amigos desencarnados, Espíritos de luz ou encontros não muito felizes com desencarnados.

8. *Terapia de vidas passadas:* Realizada pela regressão de memória ou por indução de Espíritos desencarnados, tem-se também uma prova da imortalidade da alma e da reencarnação. A ciência avança no sentido da confirmação do Espírito, como origem e princípio básico da vida, e da reencarnação como mecanismo natural para o entendimento do homem acerca de seus sofrimentos. Ao verificar as consequências de seus atos passados nos seus problemas atuais pode o indivíduo refletir e descobrir a necessidade de desenvolver o abrandamento de suas tendências negativas e a aceitação dos problemas que enfrentamos.

9. *Visões no leito de morte:* No momento da morte são comuns as percepções tidas pelas pessoas acerca do Mundo Espiritual e dos Espíritos, havendo relatos de visões de Espíritos familiares e amigos que vieram auxi-

liar no processo do desencarne. Tais situações têm se mostrado não serem mera alucinação.

10. *Transcomunicação instrumental (TCI):* É a comunicação dos Espíritos por intermédio de equipamentos técnicos e eletrônicos, como gravador, rádio, computador, televisão, telefone e, mais recentemente, TV-fone, onde a entidade Espiritual aparece num monitor de TV e fala simultaneamente pelo telefone. Sonia Rinaldi, fundadora do Instituto de Pesquisas Avançadas em Transcomunicação Instrumental – IPATI[170], tem vários livros e revistas eletrônicas publicadas especificamente sobre o tema, sendo uma prova científica de que realmente a morte não existe.

Na Bíblia também podemos encontrar provas da imortalidade da alma, como na transfiguração de Jesus, momento em que Moisés e Elias, já desencarnados, fizeram-se presentes, demonstrando a sobrevivência do Espírito após a morte. Vejamos o texto evangélico:

> Seis dias depois, tomou Jesus consigo a Pedro, e a Tiago, e a João, seu irmão, e os conduziu em particular a um alto monte. E transfigurou-se diante deles; e o seu rosto resplandeceu como o sol e as suas vestes se tornaram brancas como a luz. *E eis que lhes apareceram Moisés e Elias, falando com ele.* E Pedro, tomando a palavra, disse a Jesus: Senhor, bom é estarmos aqui; se queres, façamos aqui três tabernáculos, um para ti, um para Moisés e um para Elias. E, estando ele ainda a falar, eis que uma nuvem luminosa os cobriu. E da nuvem saiu uma voz que dizia: Este é o meu Filho amado, em quem me comprazo; escutai-o. E os discípulos, ouvindo isso, caíram sobre seu rosto e tiveram grande medo. E, aproximando-se Jesus, tocou-lhes e disse: Levantai-vos e não tenhais medo. E, erguendo eles os olhos, ninguém viram, senão a

[170] Acesso pelo sítio eletrônico: www.ipati.org.br.

> Jesus. E, descendo-os do monte, Jesus lhes ordenou, dizendo: A ninguém conteis a visão até que o Filho do Homem seja ressuscitado dos mortos[171][grifo nosso].

A comprovação da sobrevivência do Espírito após a morte do corpo físico, está evidente nessa citação do Evangelho. O fato foi tão nítido a ponto de Pedro pedir ao Senhor para construir um tabernáculo ou tenda, citada em outras versões. Se a sobrevivência do Espírito após a morte não fosse uma realidade, mas tão somente fruto da imaginação de alguns, Moisés e Elias não poderiam ter se feito presentes para o Divino Mestre.

A percepção da presença de Moisés e de Elias, por parte dos apóstolos, pode ser definida como vidência mediúnica ou como materialização Espiritual, que independe da faculdade de ver Espíritos. O fenômeno da transfiguração, além de trazer a ideia da sobrevivência do Espírito, traz outros preciosos ensinamentos, como a autoridade Espiritual do Cristo, o entendimento de ser ele o Messias aguardado, a ideia da reencarnação, os fenômenos mediúnicos, as propriedades do perispírito, entre outros.

Portanto, a sobrevivência do Ser Espiritual depois da morte está provada, de maneira irrecusável e, de certo modo até palpável, pelas comunicações Espíritas. Como se verificou nas considerações sobreditas, além das provas inteligentes, há ainda a prova material das manifestações visuais, ou aparições, que são tão frequentes e tão autênticas, ficando impossível contradizê-las.

44. Os Espíritos têm a mesma evolução?

Não. A classificação dos Espíritos, quanto à evolução, funda-se no seu grau de desenvolvimento, nas qualidades

[171] Mateus 17: 1-9.

por eles adquiridas e nas imperfeições de que ainda não se livraram, sendo de "diferentes ordens, segundo o grau de perfeição a que tenham chegado[172]."

O número dessas ordens é ilimitado, pois não há entre elas uma linha de demarcação, traçada como barreira, de maneira que se podem multiplicar ou restringir as divisões, à vontade. Não obstante, se considerarmos os caracteres gerais, poderemos reduzi-las a três ordens principais: *Espíritos Imperfeitos, Espíritos Bons e Espíritos Puros.*

> Na primeira, colocar-se-ão os que atingiram a perfeição máxima: os puros Espíritos. Formam a segunda os que chegaram ao meio da escala: o desejo do bem é o que neles predomina. Pertencerão à terceira os que ainda se acham na parte inferior da escala: os Espíritos imperfeitos. A ignorância, o desejo do mal e todas as paixões más que lhes retardam o progresso, eis o que os caracteriza[173].

Esta classificação não é absoluta, pois as categorias não apresentam características fixas, mas sim no seu conjunto, de modo que de um grau a outro a transição é imperceptível. Kardec organizou uma escala Espírita no tocante à evolução dos Espíritos, de modo a podermos determinar a ordem e o grau de superioridade ou de inferioridade dos Espíritos com os quais nos relacionamos e, assim, o grau de confiança e de estima que eles merecem, até porque os Espíritos não são iguais nem em poder, nem em saber, nem em inteligência e nem em moralidade, variando conforme as experiências de cada um.

Pela Lei do Progresso, os Espíritos não pertencem para sempre a uma única classe, podendo mesmo apresentarem características de várias categorias, contudo, pela

---

[172] KARDEC, Allan. *O Livro dos Espíritos*. 93ª ed. Brasília: FEB, 2013. Questão 96. p. 90.

[173] *Id., ibid.* questão 97. p. 90

linguagem e pelos atos, torna-se possível ao homem identificar a qual ordem e classe pertencem. Dentro da terceira ordem, de Espíritos imperfeitos, podemos encontrar cinco classes de Espíritos: impuros, levianos, pseudossábios, neutros, batedores e perturbadores. Na segunda ordem, dos bons Espíritos, vemos quatro classes: benevolentes, sábios, de sabedoria e superiores. Na primeira ordem, temos uma única classe, de Espíritos puros.

Nos Espíritos da Terceira Ordem - Imperfeitos - há predominância da matéria sobre o Espírito e propensão ao mal, sendo muito presente a ignorância, o orgulho, o egoísmo e todas as más paixões consequentes. Embora tenham a intuição de Deus, não O compreendem[174]. Vejamos, mais detalhadamente, cada uma das classes que compõem essa ordem.

Na décima classe temos os *Espíritos Impuros*. Inclinados ao mal, que é o objeto de suas preocupações, dão conselhos pérfidos, insuflam a discórdia e a desconfiança. Usam todos os disfarces para melhor enganar, apegando-se às pessoas de caráter fraco o bastante para cederem às suas sugestões. Reconhecem-se esses Espíritos pela linguagem, a trivialidade e a grosseria das expressões. Se encarnados, inclinam-se a todos os vícios e paixões degradantes, além de fazerem o mal pelo prazer de fazê-lo, sem motivos aparentes.

Na nona classe encontramos os *Espíritos Levianos*[175]. São ignorantes, malignos, inconsequentes e zombeteiros, gostando de causar pequenas contrariedades, alegrias, intrigas e induzir maliciosamente ao erro, por meio de mistificações e espertezas. Apresentam linguagem espirituosa, mas normalmente sem profundidade. Na oitava classe

[174] *Id., ibid.* questão 102. p. 94.

[175] *Id., ibid.* questão 103. p. 94.

temos os *Pseudossábios*[176]. Têm conhecimentos bastante amplos, embora julguem saber mais do que realmente sabem. Por terem realizado algum progresso, a linguagem tem um caráter sério, que pode iludir quanto a sua veracidade. Deve-se ter cuidado com essas manifestações, pois a mensagem, conquanto eloquente, é uma mistura de verdade com inverdades, apresentando sempre muita presunção e orgulho.

A sétima classe é a dos Espíritos *Neutros*[177]. Não são suficientemente bons para fazerem o bem, nem bastante maus para fazerem o mal, tendem tanto para um lado como para outro. Grande parte da humanidade encontra-se nesta classe. Na sexta classe encontramos os Espíritos *Batedores e Perturbadores*[178]. Não formam uma classe diferente quanto às suas qualidades pessoais, podendo pertencer a todas as classes da terceira ordem. Manifestam-se por efeitos sensíveis e físicos, como golpes, movimento e deslocamento anormal de objetos etc. Todos os Espíritos podem produzir esses fenômenos, mas os Espíritos imperfeitos são mais aptos para as coisas materiais que inteligentes.

Na Segunda Ordem - Espírito bons - há predominância do Espírito sobre a matéria, o desejo do bem e, conquanto não estejam completamente desmaterializados, já compreendem Deus e o Infinito, usufruem da felicidade dos bons[179]. Na quinta classe temos os Espíritos *Benévolos*[180]. Sua qualidade dominante é a bondade, tendo um saber limitado. Prestam serviços aos homens e os protegem.

---

[176] *Id., ibid.* questão 104. p. 95.

[177] *Id., ibid.* questão 105. p. 95.

[178] *Id., ibid.* questão 106. p. 95.

[179] *Id., ibid.* questão 107. p. 96.

[180] *Id., ibid.* questão 108. p. 97.

A quarta classe é formada pelos Espíritos *Sábios*[181]. Têm grandes conhecimentos, preocupando-se mais com as questões científicas do que com as morais. Na terceira classe temos os Espíritos *Prudentes ou de Sabedoria*[182]. Apresentam qualidades morais de ordem mais elevada, capacidade intelectual e poder preciso de julgamento, embora não detenham conhecimentos ilimitados.

A segunda classe é composta pelos Espíritos *Superiores*[183]. Reúnem ciência, sabedoria e bondade. Têm linguagem sublime e proporcionam noções corretas sobre o mundo corpóreo. Comunicam-se voluntariamente com os que procuram a verdade de boa-fé, mas se afastam dos movidos pela curiosidade ou paixões inferiores. Encarnam por exceção, apenas para cumprir missão de progresso.

A Primeira Ordem é a dos *Espíritos Puros*[184], os quais não sofrem mais influência da matéria, apresentando superioridade intelectual e moral absolutas. Forma classe Única[185] tendo percorrido todos os graus da escala e se despojado de todas as impurezas da matéria. Não estão mais sujeitos à reencarnação em corpos perecíveis, pois não tem mais provas nem expiações a sofrer. Usufruem da felicidade sem mesclas.

São os mensageiros e os ministros de Deus, cujas ordens executam para a manutenção da harmonia universal. Assistem aos homens nas suas angústias, incitando-os ao bem ou à expiação de suas faltas, podendo comunicar-se com eles sem pretender tê-los constantemente ao seu

---

[181] *Id., ibid.* questão. 109. p. 97.

[182] *Id., ibid.* questão 110. p. 97.

[183] *Id., ibid.* questão 111. p. 97.

[184] *Id., ibid.* questão 112. p. 97.

[185] *Id., ibid.* questão 113. p. 98.

dispor. Na Revista Espírita de março de 1865 consta a seguinte informação sobre os Espírito puros.

> [...] Os puros Espíritos são os messias ou mensageiros de Deus, para transmissão e execução de suas vontades. Eles realizam as grandes missões, presidem à formação dos mundos e à harmonia geral do Universo, encargo glorioso ao qual só se chega pela perfeição. Somente os da ordem mais elevada compreendem os segredos de Deus e se inspiram em seu pensamento, do qual são os representantes diretos[186].

Ainda abordando sobre os messias, trazemos a Revista Espírita[187] de fevereiro de 1868. Vejamos:

> Ao lado de Deus estão numerosos Espíritos que chegaram ao topo da escala dos Espíritos puros, que mereceram ser iniciados em seus desígnios para dirigirem a execução. Deus escolheu entre eles os seus enviados superiores, encarregados de missões especiais. Podeis chamá-los de *Cristos.*
>
> [...] os *Messias,* seres superiores que chegaram ao mais alto degrau da hierarquia celeste, depois de haverem atingido uma perfeição que os torna infalíveis daí por diante, e acima das fraquezas humanas, mesmo na encarnação. Admitidos nos conselhos do Altíssimo, eles recebem diretamente a sua palavra, que são encarregados de transmitir e fazer cumprir. Verdadeiros representantes da Divindade, cujo pensamento eles têm, é entre eles que Deus escolhe os seus enviados especiais, ou seus *Messias* para as grandes missões gerais, cujos detalhes de execução são confiados a outros Espíritos encarnados ou

---

[186] Revista Espírita. 1865. Março. *Onde é o Céu?* Disponível em: <https: / /bit. ly/2KlgkLZ>. Acesso em: 30 de junho de 2018.

[187] Revista Espírita. 1868. Fevereiro. *Instruções dos Espíritos. Os messias do Espiritismo.* Disponível em: <https: / /bit.ly/2KnU1VR>. Acesso em: 30 de junho de 2018.

desencarnados que agem por suas ordens e sob sua inspiração[188].

Segundo o Espírito Emmanuel, na obra *A Caminho da Luz*, há uma comunidade de Espíritos Puros, eleitos pelo senhor Supremo do Universo, em cujas mãos se conservam as rédeas diretoras da vida e de todas as coletividades planetárias, são os Espíritos Crísticos[189]. Os Cristos são Espíritos puríssimos, cuja sublime glória e soberano poder superam tudo quanto e magnificente e formidável possa imaginar, por enquanto, a mente humana. Na obra *Universo e Vida*, do Espírito Áureo, obtemos mais informações sobre os Cristos, afirmando que:

> *Os Cristos, Espíritos Puríssimos, não encarnam. Não têm mais nenhuma afinidade essencial com qualquer tipo de matéria, que é o mais baixo estágio da energia universal.* Para eles, matéria é lama fecunda, que não desprezam, sobre a qual indiretamente trabalham através dos seus prepostos, na sublime mordomia da Vida, mas coisa com que não podem associar-se contextualmente, muito menos em íntimas ligações genéticas[190] [grifo nosso].

Como se observa da leitura acima, os Cristos, ao longo da jornada evolutiva, atingiram tal nível evolutivo que se manifestam apenas com corpos superiores, formados pelo fluido universal. Não reencarnam mais porque não podem mais ficar circunscritos a corpos materiais ou semimateriais.

---

188 *Id.* Disponível em: <https://bit.ly/2KyCBSs>. Acesso em: 30 jun. 2018.

189 XAVIER, Francisco Cândido. *A Caminho da Luz*. Pelo Espírito Emmanuel. Brasília: FEB, 2015, p. 13.

190 SANT'ANNA, Hernani T. *Universo e Vida*. Espírito Áureo. Rio de Janeiro: FEB, [2015?]. p. 56.

45. Os Espíritos sabem todas as coisas?

Não. Uma ideia muito comum, principalmente entre os que não conhecem o Espiritismo, é acreditar que os Espíritos tudo sabem, por se encontrarem desprendidos da matéria. É um grande equívoco. Em *O Livro dos Espíritos*[191], Allan Kardec perguntou se as percepções e conhecimentos dos Espíritos são infinitos, se eles sabem todas as coisas, sendo a reposta dada pela Espiritualidade no sentido de que quanto mais próximos da perfeição, mais sabem e que, quando superiores, sabem muito. Já os inferiores são mais ou menos ignorantes em todos os assuntos.

Os Espíritos não adquirem a perfeição assim que deixam o envoltório carnal, pois não são mais do que as almas dos próprios homens, dotados do mesmo conhecimento intelectual e moral. Se o simples fato de os Espíritos desencarnarem desse a eles o conhecimento completo, não haveria razão para a reencarnação. Reflitamos: Por que reencarnamos? Qual o seu objetivo? Para aprender, para proporcionar ao Espírito a possibilidade de progresso moral e Espiritual. Através de cada reencarnação o Espírito vai aprendendo, estudando, adquirindo experiência e, paulatinamente, crescendo. Portanto, se o Espírito desencarnado tudo soubesse, não seria lógico ele reencarnar para aprender aquilo que já sabe.

O desencarne não nos dá mais conhecimento. Pode acontecer que, com o retorno ao Plano Espiritual, o Espírito recobre parte das suas lembranças e do seu conhecimento adquirido em vidas passadas, ampliando o saber. Entretanto, mesmo nesta situação, esse será limitado e sempre representa a soma das experiências vivencia-

[191] KARDEC, Allan. *O Livro dos Espíritos*. 93ª ed. Brasília: FEB, 2013. Questão 238. p. 158.

das pelo Espírito na sua caminhada. Quanto mais vivências tiver, mais saber refletirá.

Na lei Divina a conquista do aprendizado é esforço individual, seja através do trabalho, seja do estudo. Cada Espírito, então, só irá conhecer aquilo que aprendeu e experienciou, não havendo seres privilegiados por Deus.

Aquele que atingiu a superioridade de Espírito o fez pelo seu próprio esforço, conquistando o patrimônio hoje demonstrado. Logo, o progresso do Espírito é gradual. Com o tempo ele vai se despojando de suas imperfeições e adquirindo os conhecimentos que lhe faltam, não fazendo sentido, por exemplo, imaginar que o Espírito de um criminoso, imediatamente após o seu desencarne, torne-se sábio e virtuoso, da mesma forma que seria contrário à justiça de Deus imaginar que ele fique eternamente na inferioridade moral, sem possibilidade de progresso.

Desta feita, assim como encontramos homens em diversos graus de conhecimento e de bondade, dá-se o mesmo com os Espíritos, podendo alguns ter como característica de personalidade a frivolidade, outros a mentira, outros ainda a hipocrisia etc. Em sentido oposto, encontramos os que possuem as mais nobres virtudes e o saber em grau desconhecido na Terra.

O Espírito Miramez[192], comentando a questão 238 de O Livro dos Espíritos, informa que os Espíritos Superiores conhecem muito, dominando grande parte dos segredos da natureza divina e humana, embora ainda não conheçam tudo, pois apenas Deus é o conhecedor das leis e dos segredos da criação que Ele mesmo estabeleceu. Destaca que os Espíritos inferiores têm o conhecimento que a sua

[192] *O Livro dos Espíritos* comentado pelo Espírito Miramez. Disponível em: <https://bit.ly/2tLLeme>. Acesso em: 2 de julho de 2018.

elevação atingiu, de modo que muitos não sabem mais que os homens, e outros sabem menos que estes.

A sabedoria é fundamental, mas ela só é adquirida gradativamente, de modo que se a criatura deseja conhecer, devem aprender inicialmente as leis de amor, o valor da caridade, os benefícios do perdão, e o que pode ser útil à fraternidade universal. Deste modo, à medida que os Espíritos forem se aproximando da perfeição, o saber crescerá na sua consciência, dotando a inteligência e o coração de variados recursos que lhe concedem a libertação Espiritual.

A diversidade de Espíritos, com conhecimentos e qualidades distintas, faz criar, naturalmente, comunicações distintas de natureza positiva ou negativa. Para distingui-las é preciso ter cuidado, estudo e uso constante do bom senso. Todavia, o fato de os Espíritos não conhecerem tudo, não torna invalida suas comunicações, pelo contrário, são essenciais ao estudo sobre a imortalidade da alma e o caminhar para a perfeição.

46. Os Espíritos podem prever o futuro?

Pergunta de igual teor foi feita aos Espíritos por Kardec[193], tendo a Espiritualidade respondido que se o homem tivesse condições de conhecer o futuro, negligenciaria o presente e que buscar saber do amanhã por intermédio dos Espíritos é um grave erro, porque sua manifestação não é meio de adivinhação. Acresce que se o homem insistir numa resposta, ela será dada por um Espírito leviano, pois que este nenhum compromisso tem com a verdade.

---

193 KARDEC, Allan. *O Livro dos Médiuns*. 81ª ed. Brasília: FEB, 2013. p. 321.

Conforme explanado em O Livro dos Espíritos[194], o futuro é oculto ao homem, de modo que somente em casos raros e excepcionais, Deus permite a sua revelação. Obviamente, se o homem conhecesse o futuro, não trabalharia com a mesma liberdade e dedicação, pois seria dominado pela ideia de inutilidade das ações presentes, ou máxima cautela, evitando que determinadas atitudes prejudicassem o futuro revelado. Deus não deseja que pensemos ou nos comportemos assim, pois seu objetivo é que cada um concorra para a realização das coisas, de modo que no curso de nossa experiência, estejamos preparados para os acontecimentos futuros.

Kardec, em suas lúcidas e sempre bem ponderadas considerações, reconhece ter sido sábia a providência divina em ocultar o futuro. Reflete que a certeza de um acontecimento venturoso lançaria o homem na inação e, em contrapartida, a de um acontecimento infeliz o encheria de desânimo, ficando suas forças paralisadas em ambas as situações, motivo pelo qual o futuro não lhe ser mostrado senão como uma meta que precisa alcançar por seus esforços, mas ignorando os trâmites os quais terá de passar para alcançá-la.

É possível ao Espírito prever situações que considere útil revelar ou que, por missão, caiba tornar conhecidas, como por exemplo, quando deseja facilitar a execução de uma coisa, levando a criatura a agir diversamente do modo pelo qual agiria se não soubesse da revelação. Pode, ainda, ser uma prova ao homem, pois a perspectiva de um acontecimento pode sugerir-lhe pensamentos positivos ou negativos, cabendo-lhe tentar agir da maneira mais ajustada à Lei de Deus e, também, porque do eventual não cumprimento da predição dependerá a forma como ele su-

[194] *Id. O Livro dos Espíritos.* 93 ed. Brasília: FEB, 2013. Questão 868. p. 383.

portará a decepção. Assim, a prova objetiva colocar o indivíduo em luta contra as tentações do mal, assegurando-lhe todo o mérito da resistência.

O tema merece sempre muita cautela, pois muitos são os Espíritos enganadores que se divertem em fazer previsões, de modo que somente o conjunto das circunstâncias permite ao homem avaliar o grau de confiança que ditas previsões merecem, cabendo desconfiar de todas aquelas desprovidas de uma utilidade geral, podendo as predições pessoais, quase sempre, serem consideradas apócrifas.

Normalmente os Espíritos que falam de acontecimentos futuros que não se realizam, objetivam divertir-se com a credulidade, o terror, ou a alegria que provocam, rindo posteriormente com o desapontamento sentido pelas pessoas. Por outro lado, reflitamos ter em tudo um aprendizado, que no caso seria o de pôr à prova aquele a quem as previsões são feitas, mediante uma apreciação do modo pelo qual aceita o que é dito e dos sentimentos que lhe despertam.

Observa-se que os Espíritos sérios, quando pressentem algum acontecimento, não têm o hábito de determinar a data, pois acontece de não poderem ou não desejarem assim proceder, embora possam, em determinadas situações, fazer com que o acontecimento seja pressentido, como um aviso. O Espírito pode prever um fato, entretanto, o momento exato pode depender de circunstâncias que ainda não aconteceram e que tão somente Deus conhece ou, ainda, do fato de ser a medição do tempo diferente da nossa. Para a determinação de uma época precisa, necessário seria que os Espíritos se identificassem com a nossa maneira de calcular, com o nosso calendário, o que nem sempre é cabível, ocorrendo daí, não raro, uma causa de erros aparentes.

Os Espíritos levianos, de modo contrário, não têm escrúpulos em nos enganar, determinando os dias e as horas sem a menor preocupação se o fato predito irá ou não ocorrer, motivo pelo qual devemos suspeitar de toda predição circunstanciada.

No tocante às reencarnações futuras, não são passíveis de revelação na vida atual, considerando não poder a existência futura ser percebida antes, já que determinada pela nossa conduta hoje na Terra e pelas resoluções posteriores como Espírito. Podemos saber, tão somente, que tendo menos a expiar, mais feliz ela será, entretanto, saber onde e como exatamente se dará, é impossível.

Por fim, há também homens encarnados dotados de uma faculdade especial de entrever o futuro, são os chamados médiuns de pressentimento ou proféticos. Neste caso a alma do médium, num desprendimento momentâneo, vê e pressente o futuro. Se do feito houver uma finalidade útil e condizente com os planos de Deus, Ele permite que o fato seja relevado. Mesmo entre esses, a Espiritualidade informa que nos dias atuais os impostores são em maior número, mas que em tempos vindouros essa faculdade tornar-se-á mais comum.

47. Os duendes e os gnomos são Espíritos?

Os gnomos e duendes, de acordo com a crença popular, seriam pequenos personagens presentes em histórias infantis e na mitologia de muitos povos europeus, variando suas características conforme o país e a região, podendo ser bons e benevolentes ou travessos e maus. Além disso, são geralmente conhecidos por terem afinidade com a natureza, protegendo-a ou por possuírem uma personalidade engraçada. A origem desta crença data de muitos anos.

Para a Doutrina Espírita, esses seres existem, porém não com o misticismo usualmente conhecido pelo senso comum.

Allan Kardec tratou deste tema em *O Livro dos Espíritos* e na *Revista Espírita*. Naquela oportunidade, informa-nos o Codificador que esses seres pertencem à classe dos Espíritos levianos[195], o qual são vulgarmente designados sob os nomes de duendes, trasgos, gnomos e diabretes. Possuem uma personalidade zombeteira, inconsequente, maliciosa e ignorante, tendo prazer em causar pequenos desgostos e alegrias, atormentando e induzindo maliciosamente ao erro por meio de mistificações e espertezas.

O codificador também tratou do tema na *Revista Espírita*[196] de 1858, mostrando que esses Espíritos diabretes "batem nas portas, deslocam os móveis, aplicam golpes nos tonéis, marteladas no teto e no assoalho, assobiam baixinho, soltam suspiros lamentosos, puxam os lençóis e as cortinas dos que estão deitados", podendo-se reconhecer neles Espíritos batedores e perturbadores. Estes Espíritos costumam manifestar-se por efeitos sensíveis e físicos, como pancadas, movimento anormal de corpos sólidos e agitação do ar, sendo particularmente ligados à matéria, entretendo-se com as diabruras que fazem e com as partidas que pregam.

Acresce que estes Espíritos imperfeitos estão sob a dependência dos Espíritos superiores, relação que confere a estes últimos a capacidade de utilizar os primeiros sempre que necessário. A linguagem dos duendes e gnomos normalmente é espirituosa e engraçada, mas sem profundidade.

[195] Vide pergunta de número 44.

[196] REVISTA Espírita. 1858. Janeiro. *Os Diabretes*. Disponível em: <https://bit.ly/2MhXFwD>. Acesso em: 10 de setembro de 2018.

Os Espíritos diabretes, pela sua facilidade e aptidão para a realização de fenômenos físicos, podem também agir sobre alguns fenômenos da natureza, segundo consta em *O Livro dos Espíritos*. Informa a Espiritualidade Superior que alguns agem com conhecimento de causa, com livre arbítrio, e outros por um impulso instintivo e irrefletido. Ensinam que os Espíritos mais atrasados são úteis ao conjunto. Enquanto ensaiam para a vida e antes mesmo de terem plena consciência de seus atos e de seu livre arbítrio, atuam em certos fenômenos, sem o saberem, como agentes[197].

Primeiramente executam, posteriormente poderão dirigir as coisas do mundo moral, de modo que tudo tem uma finalidade, tudo se encadeando na Natureza. Os Espíritos que presidem aos fenômenos da Natureza, conforme sejam mais ou menos material e inteligente o papel que desempenhem, pertencem às ordens superiores ou às inferiores da hierarquia Espírita, sendo Espíritos que foram ou que ainda serão encarnados como nós. Neste último caso, afirma o Espírito Vianna de Carvalho:

> [...] essas Entidades, que são orientadas pelos Espíritos Superiores, como ainda não dispõem de discernimento, porque não adquiriram a faculdade de pensar, são encaminhadas a outras experiências evolutivas, de forma que não se lhes interrompa o processo de desenvolvimento[198].

Os que executam coisas materiais são sempre de ordem inferior. Eles não habitam materialmente na Terra, presidindo aos fenômenos e os dirigindo de acordo com as atribuições que têm. Assim, verifica-se serem respon-

---

[197] KARDEC, Allan. *O Livro dos Espíritos*. 93ª ed. Brasília: FEB, 2013. Questão 538-540. p. 263.

[198] FRANCO, Divaldo Pereira. *Atualidade do pensamento espírita*. Pelo Espírito Vianna de Carvalho. [s.l.]: Leal, 1999. p. 18.

sáveis, devido à ação direta nos elementos da natureza, como fogo, terra, água e ar, a tudo o que a Ciência humana designa como forças ou produtos naturais. No âmbito da Doutrina Espírita são também conhecidos como seres "elementais". Assinala Manoel Philomeno de Miranda, no capítulo 09 do livro *Loucura e Obsessão*:

> Na cultura religiosa do passado e do presente encontraremos esses seres sob a denominação de devas, elementais, fadas, gênios, silfos, elfos, djins, faunos. [...] os cabalistas também classificaram os elementais mais evoluídos, encarregados do Ar, da Terra, do Fogo e da Água, respectivamente de Gnomos, Sílfides, Salamandras e Ondinas[199].

O Espírito André Luiz, na obra *Nosso Lar*[200], menciona também a existência de "servidores comuns do Reino Vegetal", que seriam seres da Natureza totalmente estranhos à sua compreensão, os tais "elementais". O mesmo Autor Espiritual, agora no livro *Libertação*[201], relatando incursão a zonas inferiores, recebe instrução de Gúbio que naquela colônia purgatorial quem não cumpre dolorosa penitência regenerativa, pode ser considerado inteligência sub-humana. Destaca a existência de milhares de criaturas utilizadas nos mais rudes serviços da natureza, movimentando-se no local em posição infraterrestre e que, a ignorância, no momento, não lhes conferia a gloria da responsabilidade.

Acresce que estas criaturas estão em desenvolvimento de tendências dignas, candidatando-se à humanidade conhecida na Terra, situando-se entre o raciocínio fragmen-

---

[199] *Id. Loucura e Obsessão*. Pelo Espírito Manoel Philomeno de Miranda. [s.l.]:FEB, [2003?]. p. 93.

[200] XAVIER, Francisco Cândido. *Nosso Lar*. Pelo Espírito André Luiz. [s.l.]: Luz Espírita, 2011. p. 167.

[201] *Id. Libertação*. Pelo Espírito André Luiz. Rio de Janeiro: FEB, [2011?]. p. 57.

tário do macaco e a ideia simples do homem Primitivo na floresta. Portanto, existem vários estágios dos seres que se ocupam da Natureza, desde os que animam inúmeros animais de ínfima ordem, até aqueles que alcançaram certo desenvolvimento e, por isso, ordenam e dirigem as coisas do mundo material, inicialmente, e depois as de ordem moral.

A baixa estatura dos duendes - embora mantenham forma idêntica aos humanos - é explicada por Divaldo Pereira Franco como sendo uma característica a eles aplicada em razão do seu baixo grau evolutivo, visto não terem tido a oportunidade de reencarnar na Terra. Deste modo, apresentam-se normalmente em dimensões reduzidas à nossa[202].

Por conta de suas experiências mediúnicas, Divaldo acredita que alguns estariam vivendo período intermediário entre as formas primitivas e hominais, como uma preparação para reencarnações humanas no futuro, de modo que os mais atrasados não suspeitem estarem a serviço de Deus, sendo úteis pela ajuda que prestam ao conjunto. De vem ter uma espécie de consciência fragmentária.

Informa viverem estes seres em regiões do Espaço adequadas ao seu desenvolvimento, conquanto muitas vezes se misturem com os homens ou vivam na Natureza. Dentre as muitas tarefas que executam, destaca a proteção aos vegetais, aos animais, aos homens, a contribuição para acontecimentos como as tempestades, as chuvas, os maremotos, os terremotos, interferindo nos fenômenos naturais da Natureza sob o comando dos Engenheiros Espirituais que operam em nome de Deus.

[202] *Gnomos e duendes existem?* Divaldo Franco responde. Disponível em: <https://bit.ly/2CHlI8K>. Acesso em: 10 de setembro de 2018.

Além disso, observa que embora não possamos normalmente visualizá-los, não significa serem destituídos de matéria, mas tão somente se encontrarem em fase de desenvolvimento perceptível apenas aos médiuns, pela sua percepção especial, assim como os Espíritos desencarnados só conseguem ser percebidos por quem é dotado de faculdade mediúnica apropriada.

Cabe mencionar, também, a existência de seres elementais junto às águas, conhecidos como ondinas e ninfas, quando ligados à água doce, como rios, lagos e riachos, e sereias e tritões, que seriam elementais ligados diretamente às profundezas das águas salgadas. De toda sorte, ondinas, sereias, gnomos, duendes e fadas são apenas denominações do vocabulário humano para disfarçar a verdadeira face da natureza extrafísica, que se encontra além das percepções ordinárias dos encarnados. Tenhamos em mente estar o universo repleto de vida, com todos os seres contribuindo para o equilíbrio do mundo, não significando a nossa surpresa sua inexistência, mas apenas nossa profunda ignorância quanto aos "mistérios" da criação.

Por fim, a Doutrina Espírita explica como os Espíritos se manifestam e provocam fenômenos físicos, mostrando que, na verdade, a mitologia e a imaginação popular acabaram criando superstições para justificarem esses fenômenos, não sendo eles outra coisa senão seres ainda imperfeitos, na infância Espiritual, trilhando os mesmos caminhos que já percorremos, pois, o Progresso é Lei Divina incontornável.

Capítulo VII

Desencarnação

48. Por que o temor da morte?

Na obra *O Céu e o Inferno*, Allan Kardec convida-nos a meditar sobre este tema, o qual muitas pessoas não gostam de falar, analisar, conhecer ou se preparar para sua ocorrência. Contudo, sabemos que o não pensar na morte não impede que ela venha, pois é um fenômeno natural, inerente ao processo da vida material dos seres vivos. Querendo ou não, pensando nela ou não, todos nós passaremos pela experiência da morte.

Segundo Divaldo Pereira Franco, para o Espiritismo, sob o aspecto filosófico, a morte não é a interrupção da vida, mas tão somente o fenômeno biológico, pois a vida é uma jornada incessante, ininterrupta, tanto no corpo físico, como fora dele. A morte, portanto, é a perda do corpo com o prosseguimento da vida, além do túmulo[203].

O Espírito Manoel Philomeno de Miranda, no livro *Temas da Vida e da Morte*[204], psicografado por Divaldo Pereira Franco, elucida resultar o temor da morte de

[203] PIRES, Fábio. *A morte e a volta ao plano espiritual*. Disponível em: <https://bit.ly/2KFlePW>.

[204] FRANCO, Divaldo. *Temas da Vida e da Morte*. Espírito Manoel Philomeno de Miranda. [s.l.]: FEB, 2014. Arquivo Kindle.

vários fatores, que são próprios da natureza humana e da existência corporal. O primeiro fator seria o instinto de conservação da vida, que constitui uma força preventiva contra tudo aquilo que possa ameaçá-la. Trata-se da Lei de Conservação, parte componente da Lei Divina sobre a moral, e em razão dela, esforçamo-nos para evitar situações de risco e pôr-nos a salvo, resguardando a vida material.

Em *O Céu e o Inferno*, Allan Kardec elucida ser este temor um efeito da sabedoria da Providência e uma consequência do instinto de conservação natural a todo ser vivo, pois enquanto a criatura não está bastante esclarecida sobre as condições da vida futura, ele é fundamental, funciona como um contrapeso à tendência que, sem esse limite, levaria o homem a deixar prematuramente a vida e a negligenciar o trabalho na vida física que serve ao seu adiantamento moral e intelectual[205].

Outro fator é a predominância da natureza material, que nos Espíritos inferiores comanda as suas inspirações. Nos indivíduos imediatistas, ainda presos aos prazeres e às sensações da matéria, o temor da morte é maior, fazendo-os recear a perda dos gozos em que se comprazem. Quando exercitamos o egoísmo, a ambição, o orgulho e nos apegamos aos prazeres físicos e às posses materiais, permitimos que predomine em nós a natureza material e não a Espiritual.

O temporário esquecimento da Vida Espiritual, quando reencarnado, é também motivo a favorecer o medo da morte. A reencarnação promove o transitório esquecimento do passado, que é providencial para poupar ao Espírito a amargura que os seus erros impõem e os seus delitos afligem. Esse esquecimento, entretanto, cons-

---
[205] KARDEC, Allan. *O Céu e o Inferno*. 61ª. ed. Brasília: FEB, 2013. p. 19.

titui motivo de receio da morte por conta da ausência de elementos que estruturem a confiança na sobrevivência da alma, com o retomo ao Mundo Espiritual. As sensações sobrepõem-se às emoções, fixando-lhe os interesses na vida física, apesar de saber da sua efêmera existência.

Podemos também elencar como fator a contribuir para o temor da morte o conteúdo religioso de algumas Doutrinas, que oferecem uma visão distorcida do que sucede à alma após a ruptura dos laços materiais, com o estabelecimento de prêmios e punições de caráter material, nos quais as religiões do passado firmaram a estrutura da existência Espiritual.

Infelizmente, temos aprendido, ao longo dos tempos, que só há uma vida, a ideia da unicidade da existência faz nascer em nós o anseio de gozar esta vida ao máximo, sem nos preocupar no aprofundamento das questões transcendentais. Além disso, a noção de continuidade da existência, após a morte do corpo, indicava-nos lugares físicos onde haveria gozos ou penas, o céu ou o inferno. De um lado, a beatitude contemplativa perpétua e a indiferença pelo sofrimento alheio, de outro as horríveis e eternas torturas de condenados ardendo no fogo do inferno eternamente. E tudo isso com a permissão de Deus.

Outro fator que proporciona temor à morte física do corpo é o receio do aniquilamento da vida. Acabar. Desaparecer. É este o grande temor daqueles extremamente apegados à vida e aos prazeres materiais, que sequer cogitam das questões espirituais. É também o grande medo daqueles desiludidos, inseguros, incertos de que realmente existe algo para além da morte do corpo, por falta de conhecimento, de informações corretas a respeito do futuro da alma e daquilo que lhe está destinado.

Pela leitura das observações acima, verifica-se ser a desinformação, o desconhecimento e as concepções erradas sobre a vida futura os maiores responsáveis pelo temor da morte. O receio da morte resulta, portanto, da insuficiência de conhecimentos sobre a vida futura.

Allan Kardec, em *O Livro dos Espíritos*[206], questiona a Espiritualidade de onde vem esse temor da morte que várias pessoas sentem, considerando terem elas diante de si o futuro. Esclarecem os Espíritos da codificação que falece de fundamento semelhante temor, mas que tal fato é compreensível na medida em que, quando crianças, houve quem procurasse persuadi-las de que há um inferno e um paraíso e que mais provável é irem para o inferno, visto que também lhes foi dito que o existente na natureza constitui pecado mortal para a alma.

Então, quando adultas, essas pessoas, não podendo admitir tal coisa, tornam-se ateias ou materialistas, sendo levadas a crer que, após a vida presente, nada mais existe. Por outro lado, aos que mantiveram suas crenças da infância, temem o chamado fogo eterno que os queimará sem os consumir e, ao justo, a morte não inspira qualquer temor, porque sua fé dá-lhe a certeza do futuro, tem esperança de contar com uma vida melhor; a caridade praticada dá-lhe a convicção de que, no mundo para onde terá de ir, ninguém o olhará de modo a lhe infligir temor.

À medida, porém, que se aclaram os enigmas em torno da realidade *post mortem*, em que os fatos demonstram o seu prosseguimento, o temor cede lugar à confiança e as dúvidas são substituídas pela certeza da perenidade do ser, que se sente estimulado a preparar, desde então, esse futuro. Essa certeza leva, portanto, o homem a uma alte-

---

206 *Id. O Livro dos Espíritos*. 93ª. ed. Brasília: FEB, 2013. Questão 941. p. 423.

ração nos objetivos da vida, que passam a ser menos materialistas e muito mais espirituais.

Kardec[207] lembra que o homem carnal, mais ligado à vida corpórea que à Vida Espiritual, tem sua felicidade na satisfação fugaz de todos os seus desejos, preocupando sempre com as vicissitudes da vida, numa ansiedade e tortura perpétuas. Deste modo, a dúvida do futuro e o fato de ter de deixar no mundo todas as suas afeições e esperanças, faz nascer o temor da morte. Diferente, entretanto, é a situação do indivíduo moral, colocado acima das falsas necessidades do mundo material e que vivencia gozos desconhecidos para o homem estritamente material, pois ditoso pelo bem que faz, não sente as decepções e as contrariedades. Nenhuma impressão dolorosa lhe causa.

Reforçando o entendimento exarado por Kardec, o Espírito Miramez[208] acrescenta poder o medo da morte também nascer de certos compromissos assumidos quando do preparo da reencarnação, e que ainda não foram totalmente cumpridos. Destaca ser o Cristo o vencedor da morte, pois Ele disse que voltaria no terceiro dia, e Se fez visível depois do túmulo, para alegria de toda a humanidade e, sendo a Doutrina Espírita a continuação dos ensinamentos de Jesus, assevera que ninguém morre, mas continua a vida em todas as direções do existir. Para o Espiritismo, tudo é vida, e vida com abundância.

A certeza de que a vida continua, de que somos Espíritos imortais, momentaneamente vivenciando uma das inumeráveis encarnações, faz com que tanto a vida quanto a morte tornem-se estações de parada na viagem, rumo ao destino de todos nós: a perfeição. Assim, o senti-

---

[207] *Id., ibid.* questão 941. p. 423.

[208] *O Livro dos Espíritos* comentado pelo Espírito Miramez. Disponível em: <https://bit.ly/2NmcTSK>. Acesso em: 2 de julho de 2018.

mento de temor da morte desaparece, pois, se os próprios mortos voltaram para nos informar sobre a vida futura, não há como duvidar.

Para concluir nossas considerações, trazemos um depoimento contido na obra *O Céu e o Inferno*[209], de um Espírito feliz, médico russo, chamado Senhor Cardon. Ele, quando encarnado, adquiriu ideias um tanto materialistas e, após ser afetado por um problema cardíaco incurável, abateu-se pela perspectiva da morte. Chegado o momento do seu desencarne, reuniu a família e, num momento em que parecia ter morrido, abriu os olhos e exclamou:

> – Ó meus filhos, belo! Sublime! Oh! A morte! Que benefício! Que coisa suave! Morto, senti minha alma elevar-se bem alta, porém, Deus me permitiu voltasse para dizer-vos: Não lamenteis a minha morte, que é a libertação. Ah! Que eu não posso descrever-vos a magnificência de tudo quanto vi, as impressões que experimentei! Mas não poderíeis compreendê-las... Ó meus filhos, comportai-vos sempre de modo a merecer esta inefável felicidade reservada aos homens de bem; vivei conforme os preceitos da caridade; do que tiverdes, dai uma parte aos necessitados.

Após o seu desencarne, Kardec informa ter sido o Senhor Cardon evocado acreditando que tal proceder seria instrutivo a todos. Questionado acerca do lugar onde esteve no intervalo do que chamaram duas mortes, respondeu o Espírito:

> – R. O que vi... E poderíeis compreendê-lo? Não sei, visto como não encontraria expressões apropriadas à compreensão do que pude ver durante os instantes em que me foi possível deixar o envoltório mortal. [...] – R. O Espírito não mede distân-

[209] KARDEC, Allan. *O Céu e o Inferno*. 61ª ed. Brasília: FEB, 2013. p. 224.

cias, nem lhes conhece o valor como a vós acontece. Arrebatado por não sei que agente maravilhoso, eu vi os esplendores de um céu, desses que só em sonho podemos imaginar. Esse percurso, através do infinito, fazia-se com celeridade tal que eu não pude precisar os instantes nele empregados pelo meu Espírito.

E quando questionado se atualmente estava fruindo da felicidade que entreviu, responde:

– R. Não; bem desejaria poder fruí-la, mas Deus não deveria recompensar-me de tal maneira. Revoltei-me muitas vezes contra os pensamentos abençoados que o coração me ditava e a morte parecia-me uma injustiça.

Médico incrédulo, eu havia assimilado na arte de curar uma aversão profunda à segunda natureza, que é o nosso impulso inteligente, divino; para mim a imortalidade da alma não passava de ficção própria para seduzir as naturezas pouco instruídas, embora o nada me espantasse, maldizendo o misterioso agente que atua perenemente. A Filosofia desviara-me, sem que eu desse por isto, da compreensão da grandeza do Eterno, que sabe distribuir a dor e a alegria para ensino da humanidade.

Após informar que não usufruía da felicidade que entreviu naquele súbito momento antes do seu desencarne, questionou-se, então, se era infeliz. Assim responde o Espírito do Senhor Cardon:

– R. Não, uma vez que me tornei crente antes da morte, e isto de coração e consciência. A dor acabrunha nesse mundo, mas fortalece sob o ponto de vista do futuro Espiritual. Notai que Deus teve em conta as minhas preces e a crença nele depositada em absoluto; estou firme no caminho da perfeição, e chegarei ao fim que me foi permitido lobrigar. Orai, meus amigos, por este mundo invisível que preside aos vossos destinos; esta permuta fraternal é de caridade; é a alavanca que põe em comunhão os Espíritos de todos os mundos.[...] – R. Peço a todos os meus que acreditem no Deus poderoso, justo, imutável; na prece que consola e alivia; na caridade que é a mais pura prática da encarnação humana; peço-lhes que se lembrem que do pouco também se pode dar, pois o óbolo do pobre é o mais meritório aos olhos de Deus, desse Deus que sabe que muito dá um pobre, mesmo que dê pouco. [...] Tereis rudes provações, querida, amada família; aceitai-as, porém, corajosamente, lembrando-vos de que Deus as vê. Repeti amiúde esta prece: 'Deus de amor e bondade, que tudo faculta e sempre, dá-nos força superior a todas as vicissitudes, torna-nos bons, humildes e caridosos, pequenos pela fortuna e grandes de coração. Permite seja Espírita o nosso Espírito na Terra, a fim de melhor te compreendermos e te amarmos. Seja teu nome emblema de liberdade, ó meu Deus! – O consolador de todos os oprimidos, de todos os que necessitam de amar, perdoar e crer.".

49. Como se dá o processo de desencarne?

No instante da morte do corpo material, a alma retorna ao mundo dos Espíritos, de onde havia saído temporariamente para progredir em termos intelectuais e morais. *A alma conserva a sua individualidade após a morte e jamais a perde*, constata a sua individualidade pela manutenção de seu corpo fluídico, chamado de períspirito que tem a mesma aparência da sua última encarnação[210].

A alma leva consigo a lembrança dos acontecimentos e dos atos praticados. Essa lembrança que leva da sua vida corpórea é cheia de doçura ou de amargor, segundo o emprego bom ou mal que deu à sua jornada terrena.

---

[210] *Id. O Livro dos Espíritos*. 93ª ed. Brasília: FEB, 2013. Questão 150-a. p. 115.

Quanto mais elevada e pura for a alma, menos se prende às coisas materiais que deixou na Terra e mais rapidamente compreende a futilidade delas[211].

As comunicações que os Espíritos podem manter com os homens, através de médiuns, atestam a imortalidade, a sobrevivência e a individualidade da alma. Por meio destas comunicações os Espíritos revelam sua inteligência, suas qualidades próprias e a consciência do eu.

Os Espíritos dão ainda provas de sua individualidade após o desencarne quando revelam sua identidade através de sinais incontestáveis, ao se lembrarem de detalhes pessoais da sua vida terrena e, também, quando se manifestam, em aparições, com a mesma imagem de quando estavam encarnados.

Abordando acerca da separação entre a alma e o corpo material, podemos dizer que a morte do corpo material não causa sofrimento para a alma, que vê chegar ao fim o seu exílio na vida corpórea. O corpo sofre muitas vezes mais durante a vida do que no momento da morte. A morte promove o desprendimento da alma do seu corpo transitório, pois rompe os liames que a mantinham presa à vida material.

Esse desprendimento ocorre gradualmente, o Espírito vai se desprendendo pouco a pouco, à medida que os laços fluídicos que os ligam se desfazem. Desta feita, para a alma, a morte é apenas a destruição do corpo material, separando-se desse com a cessação da vida orgânica. Contudo, como dito alhures, leva consigo o seu perispírito que a ligava ao corpo e que se desprendeu.

O tempo com que se processa o desprendimento da alma do seu corpo material é variável segundo cada indivíduo. Para a alma que praticou o bem e as virtudes na

---

[211] *Id., Ibid.* questão 150-a. p. 115.

vida material, o processo de libertação é bastante rápido, podendo ocorrer mesmo na agonia e perturbação do desencarne, com o corpo material mantendo apenas a vida orgânica. Já para a alma que se prendeu às coisas materiais e à sensualidade, o desprendimento é mais demorado, podendo durar, às vezes, dias, semanas e até meses.

Esse desprendimento lento é devido à afinidade criada entre o perispírito e o corpo material, em razão da preponderância que a alma deu às coisas materiais. Quanto mais a alma estiver identificada com as coisas materiais, mais sofrerá para se separar do corpo material. Cabe destacar, também, que o tipo de morte influencia num desprendimento mais ou menos célere do perispírito, assim como na perturbação que o Espírito sofre na hora do desencarne.

No caso específico de *morte por suicídio*, esse desprendimento é, geralmente, bastante complicado. Sendo o suicídio um atentado contra a vida, o sofrimento quase sempre permanece por período igual ao tempo em que o Espírito ainda deveria estar encarnado. As dores da lesão física provocada repercutem no Espírito e a decomposição do corpo, sua destruição pelos vermes, em alguns casos, pode ser sentida em detalhes, pelo Espírito. Além disso, o remorso gera um sofrimento moral muito acentuado ao suicida.

Na *morte violenta*, como o perispírito está fortemente ligado ao corpo material e as forças vitais bastante ativas e como os liames que unem o envoltório material ao perispírito estão bem fortes, o desprendimento completo torna-se mais lento. Neste caso, o desprendimento só começa depois da morte e seu término, não ocorre rapidamente. O Espírito fica aturdido, não compreendendo o seu estado, permanecendo na ilusão de que vive materialmente por um período mais ou menos longo, conforme o seu nível de Espiritualização.

Nos casos de *morte coletiva*, tem sido observado que nem todos os que perecem ao mesmo tempo tornam a ver-se logo, pois presos na perturbação que se segue à morte, cada um vai para uma direção, ou só se preocupa com os que lhe interessam. A verdade é que cada tipo de morte do corpo material causa um impacto diferente no momento do desprendimento da alma.

No caso de *aborto provocado*, o Espírito sofre o trauma provocado pela morte violenta, embora amenizado por não estar ainda comprometido com o mundo material. Geralmente, ao ver frustrada a sua intenção de reencarnar, principalmente se imaturo moralmente, nasce-lhe o rancor contra o ato criminoso cometido pelos pais e, por vezes, torna-se seu perseguidor implacável. No *aborto espontâneo*, observa-se uma provação para o reencarnante e/ou para os pais, sendo o Espírito desligado facilmente, já que os laços que o prendem ao corpo físico são tênues.

Em se tratando de *morte na infância*, o desencarne é bem mais tranquilo, mesmo em trágicas circunstâncias, posto que o Espírito, nessa fase, permanece em estado de dormência e desperta lentamente para a realidade terrestre. Só na adolescência é que o reencarnante entra em plena posse de suas faculdades.

Em situações como a *eutanásia*, como o fluido vital do doente ainda circula por seu corpo físico, a eutanásia dificulta o seu desligamento, ficando o desencarnante preso ao corpo inerte, em plena inconsciência e incapacidade de reação, até que se complete o esgotamento do fluido vital de seu organismo pela falência dos órgãos. Só a partir deste momento inicia-se o desligamento do perispírito e, não raro, mesmo após o desligamento, o Espírito ainda se conserva apático, sonolento e desmemoriado, por ter tido abreviado criminosamente o desenlace do corpo material.

No caso de *doença curta ou fulminante*, com o falecimento em plena vitalidade, salvo se já for um Espírito Espiritualizado, o desencarnante poderá vir a ter problemas de desligamento e adaptação, considerando serem ainda muito fortes suas impressões e interesses relacionados à vida física.

O grau de moralidade do Espírito exerce grande influência no momento do desencarne. Para a alma que cultivou as atividades intelectuais e morais e que manteve os pensamentos elevados, o desprendimento começa mesmo durante a sua vida corpórea, a ponto de ser quase instantâneo. Uma vez parcialmente separada da vida material, consegue antever o seu futuro e gozar por antecipação do estado de Espírito.

Uma vez no mundo dos Espíritos, a alma reencontra as pessoas que conheceu na vida material e que morreram antes dela, segundo a afeição que reciprocamente mantiveram. Quase sempre, os Espíritos amigos vêm recebê-la na sua volta ao mundo dos Espíritos e a ajudam a se libertar das faixas da matéria. Vê também os Espíritos que se encontram na Vida Espiritual e pode, ainda, visitar os Espíritos que se encontram encarnados.

Em seguida à morte do corpo material, a alma, geralmente, não tem consciência imediata de si mesma. Ela fica perturbada por algum tempo. Entretanto, a duração desta perturbação depende da elevação moral da alma, como nos afirma Kardec em O Livro dos Espíritos:

> Por ocasião da morte, tudo, a princípio, é confuso. *De algum tempo precisa a alma para entrar no conhecimento de si mesma*. Ela se acha como que aturdida, no estado de uma pessoa que despertou de profundo sono e procura orientar-se sobre a sua

> situação. A lucidez das ideias e a memória do passado lhe voltam à medida que se apaga a influência da matéria que ela acaba de abandonar, e à medida que se dissipa a espécie de névoa que lhe obscurece os pensamentos. [...] *muito variável é o tempo que dura a perturbação que se segue à morte. Pode ser de algumas horas, como também de muitos meses e até de muitos anos.* Aqueles que, desde quando ainda viviam na Terra, se identificaram com o estado futuro que os aguardava, são os em quem menos longa ela é, porque esses compreendem imediatamente a posição em que se encontram[212].

E acrescenta o codificador:

> Aquela perturbação apresenta circunstâncias especiais, *de acordo com os caracteres dos indivíduos e, principalmente, com o gênero de morte.* Nos casos de morte violenta, por suicídio, suplício, acidente, apoplexia, ferimentos etc., o Espírito fica surpreendido, espantado e não acredita estar morto. Obstinadamente sustenta que não o está. No entanto, vê o seu próprio corpo, reconhece que esse corpo é seu, mas não compreende que se ache separado dele. Acerca-se das pessoas a quem estima, fala-lhes e não percebe por que elas não o ouvem. *Semelhante ilusão se prolonga até ao completo desprendimento do perispírito. Só então o Espírito se reconhece como tal e compreende que não pertence mais ao número dos vivos* [grifo nosso].

Como visto, a alma do homem que se prendeu às coisas materiais e não manteve a consciência pura conserva por muito mais tempo a impressão da matéria e somente depois do completo desprendimento do Espírito,

---

[212] *Id.*, *ibid.* questão 165, p. 121.

reconhece o seu novo estado, compreendendo não fazer mais parte do mundo dos chamados vivos.

Em resumo, praticando a Lei de Deus, atingimos o verdadeiro objetivo da vida material, alcançamos o rápido desprendimento da alma do corpo material, independentemente do que possa causar a sua morte e passamos de modo breve pela perturbação que se segue à morte, sendo apenas um sono leve com um despertar feliz. Com a libertação, voltamos à lucidez com o pleno reconhecimento de si mesmo na Vida Espiritual, sempre sob o amparo dos Espíritos bons, amigos e familiares.

50. O Espírito, ao desencarnar, encontra logo os familiares que o antecederam na Vida Espiritual?

Depende. Esse reencontro, mais ou menos rápido, é diretamente influenciado pelo grau de evolução e preparo Espiritual do desencarnante. Allan Kardec fez questionamento semelhante aos Espíritos da codificação, sendo-lhe informado que este encontro nem sempre pode ser imediato pois o Espírito, ao retornar ao Plano Espiritual, precisa de um tempo para reconhecer o seu estado, tomar consciência de não se encontrar mais no plano físico[213].

Como explicado na questão anterior, o Espírito, quando desencarna, normalmente perde os sentidos e fica num estado mais ou menos longo de perturbação, sendo encaminhado, muitas vezes, para colônias de recuperação no Plano Espiritual para que possam, aos poucos, recobrar a consciência de si mesmos, e esse despertar está diretamente relacionado à evolução da criatura. Há uns que logo recobram sua completa lucidez, compreendem

[213] *Id., ibid.* questão 286. p. 178.

seu estado na Espiritualidade e estão aptos a abraçar seus familiares e amigos, presentes e alegres pelo seu retorno à erraticidade. Conquanto a variação seja quase infinita, raros são os que não perdem a lucidez no momento do desencarne, principalmente na pequena condição evolutiva em que se encontra a humanidade terrena, sendo o mais comum não perceber o desencarnante a situação da morte. O Espírito Miramez, recordando a bondade divina, elucida:

> Para o auxílio aos nossos companheiros que morrem e continuam mortos, existem mutirões e mais mutirões de Espíritos adestrados nas colônias espirituais, encarregados de dar assistência compatível com os Espíritos, nos quais a inconsciência da vida domina os sentimentos, trabalhando sempre por ordem de Deus, usando os canais do Cristo[214].

Destacamos o caso do Espírito André Luiz que, após o seu desencarne, ficou numa zona inferior, conhecida como umbralina, por oito anos e, mesmo após ser resgatado e seguir para a colônia Nosso Lar, não encontrou sua mãe imediatamente, precisando aguardar certo tempo, até porque sua genitora encontrava-se em um Plano Espiritual superior[215]. Outro caso interessante encontra-se em *O Céu e o Inferno*, na segunda parte da obra, quando Kardec traz o depoimento de uma mãe suicida, tendo ela se enforcado no celeiro logo após a desencarnação do filho, na intenção de estar novamente com ele e o encontrar no Plano Espiritual, o que não aconteceu.

O filho, ao ser evocado, disse saber do suicídio da mãe e afirmou ter ela, com a infeliz atitude, retardado indefi-

---

[214] *O Livro dos Espíritos* comentado pelo Espírito Miramez. Disponível em: <https://bit.ly/2Qg5Sax>. Acesso em: 22 de novembro de 2018.

[215] XAVIER, Francisco Cândido. *Nosso Lar*. Pelo Espírito André Luiz. [s.l.]: Luz Espírita, 2011. p. 12.

nidamente o reencontro de ambos, que aconteceria logo se a mãezinha tivesse se conformado resignadamente à vontade do Pai. Diz o filho "pobre, excelente mãe! Não pôde suportar a prova dessa separação momentânea" e aconselha "mães, que me ouvis, quando a agonia empanar o olhar dos vossos filhos, lembrai-vos de que, como o Cristo, eles sobem ao cimo do Calvário, donde deverão alçar-se à glória eterna". A mãe também foi evocada, mas se encontrava revoltada com a Providência Divina, por não ter permissão de ver o filho, emitindo frases como "Quero ver meu filho...", "Quero-o... quero-o porque me pertence!", "Não, Deus não é justo; não é o Deus das mães, não lhes compreende as dores e desesperos...", ou ainda "Meu filho! Meu filho, onde estás?[216]". Como a mãe almejou reunir-se ao filho por meio do suicídio, um crime aos olhos de Deus, acabou sendo responsabilizada por afrontar as leis naturais, sendo a ausência do ente querido a própria punição.

Quando o Espírito é mediano, com algum conhecimento e depuração Espiritual, necessita de certo período de tempo para o refazimento da morte, sendo, em alguns casos, transferido para a habitação dos próprios familiares que o precederem no Plano Espiritual, os quais detêm méritos para receber e acompanhar os parentes que chegam à erraticidade. Vale recordar o caso observado em Nosso Lar, quando dona Laura teve permissão para receber em sua casa, na colônia Espiritual, a neta recém-desencarnada, a qual permaneceu por quinze dias no umbral em forte sonolência. Após, deveria ingressar nos pavilhões hospitalares, entretanto, pelo merecimento da avó, teve permissão de ficar sob seus cuidados[217].

---

216 KARDEC, Allan. *O Céu e o Inferno*. 61 ed. Brasília: FEB, 2013. p. 269.

217 XAVIER, Francisco Cândido. *Nosso Lar*. Pelo Espírito André Luiz. [s.l.]: Luz Espírita, 2011. p. 65.

Os Espíritos orientam virem os nossos parentes e amigos, algumas vezes, ao nosso encontro quando deixamos a Terra. Quando retorna uma alma querida, alegram-se e ajudam-na a se livrar das percepções da matéria, sendo isso uma graça divina para os bons Espíritos que voltam à Espiritualidade, condição bem diferente dos ainda imperfeitos e materializados, pois se veem sozinhos e acompanhados de outros semelhantes, sendo isso uma punição. Portanto, decorre a recepção pelos amigos e pelos familiares do merecimento daquele que desencarna, variando bastante o tempo e o modo em que se dará esse reencontro[218].

Além disso, vale destacar existirem colônias no Plano Espiritual de diversos graus evolutivos, de modo que os familiares e amigos na Espiritualidade podem não permanecer sempre juntos por conta da diversidade de depuração Espiritual de cada um, isto é, podem algumas vezes estar juntos, mas só permanecerão nesta condição, caminhando lado a lado, quando alcançarem semelhante condição evolutiva. Além disso, considerando ser preciso reencarnar para a continuidade do progresso, a reunião na Espiritualidade acaba sendo temporária, não sendo possível a união de todas as famílias formadas nas diversas existências corporais.

A criatura, quando consciente das verdades divinas, confia no porvir, tem fé no futuro e resignação diante das lutas da vida terrena, não se preocupa com a morte do corpo físico, pois sabe da vida imortal do Espírito, aceita o desencarne em paz, em clima de harmonia e de felicidade por deixar a prisão material, libertando-se pelo retorno à Espiritualidade, nossa verdadeira pátria. Se quisermos encontrar nossos amigos e familiares no Plano Espiritual,

---

[218] KARDEC, Allan. *O Livro dos Espíritos*. 93 ed. Brasília: FEB, 2013. Questão 289. p. 179.

precisamos trabalhar diariamente para isso, preparando-nos na vivência do amor e do Evangelho tão lindamente exemplificados pelo Divino Mestre, sendo caridosos e sentindo a força da Vida Espiritual a nos envolver, pois assim, após a grande viagem, não seremos negativamente surpreendidos.

51. Temos data certa para desencarnar?

Não temos um dia e uma hora específicos para desencarnar, mas um período provável, que pode ser nesta semana, neste mês ou neste ano, por exemplo. É o que se depreende da resposta dos Espíritos dada à Kardec em *O Livro dos Espíritos*[219], quando perguntados se é possível escapar da morte ou se nisso há fatalidade. A Espiritualidade informa que fatal é, no sentido real da palavra, só o instante da morte, pois chegado o momento, seja de uma maneira ou de outra, a ele não pode o homem furtar-se.

Assim, pelo mesmo raciocínio, quando não é chegada a hora, qualquer que seja o perigo, não se morrerá. Acrescenta, ainda, conhecer Deus o gênero da morte e, muitas vezes, o próprio Espírito também o sabe ou o sente, por lhe ter sido isso revelado durante o planejamento reencarnatório. Essa afirmação dos Espíritos é reforçada no comentário de Kardec, ao afirmar que "venha por um flagelo a morte, ou por uma causa comum, ninguém deixa por isso de morrer, desde que haja soado a hora da partida[220]".

Quando reencarnarmos, conforme o nosso planejamento reencarnatório e as circunstâncias pelas quais precisaremos passar, objetivando o crescimento do nosso

219 *Id., ibid.* questão 853, p. 378.
220 *Id., ibid.* questão 738. p. 338.

Espírito, teremos uma expectativa de vida, um número de anos previamente estipulado. Em função desse tempo planejado, receberemos uma carga específica de fluido vital, que não é igual em todos os seres vivos e que nos manterá, a princípio, saudável pelo respectivo tempo.

Contudo, poderemos alterar esta expectativa de vida para mais ou para menos, conforme o equilíbrio Espiritual, o cuidado com o corpo material, as energias, os pensamentos e as ações durante a vida de encarnado. Em situações onde o tempo é encurtado pelo próprio indivíduo, ou por terceiros, todos os envolvidos responderão pelos atos equivocados, seja nesta ou noutra vida.

Como exemplo de situações onde reduzimos o tempo previsto em nosso planejamento reencarnatório, menciona-se o suicídio direto, no qual o suicida deliberadamente e pela própria vontade tira sua vida, ou ainda o chamado suicídio indireto, no qual a criatura adota posturas inadequadas durante a vida (drogas, álcool, fumo, sexo desvairado, ódio, culpa, mágoa, orgulho etc.) que acabam por comprometem sua saúde e encurtar seu tempo de vida na Terra.

O Espírito André Luiz, exemplo clássico, foi considerado um suicida indireto, pois diminuiu a sua vida no corpo material pelo descuido com saúde. Por este raciocínio, os eventos principais da nossa vida estão, de certa maneira, previstos pela forma como conduzimos as nossas vidas.

Comentando acerca da fatalidade na vida terrena, o Espírito Miramez[221] ensina poder a fatalidade, principalmente na raça humana, sofrer mudanças, dependendo daquilo que o homem está fazendo da sua vida, do seu comportamento e do cuidado que tem com seu corpo e

[221] *O Livro dos Espíritos* comentado pelo Espírito Miramez. Disponível em: <https://bit.ly/2NqOSdl>. Acesso em: 2 de julho de 2018.

com sua missão. Há situações em que o próprio Espírito, conquanto se dedique e se esforce, não deseja o prolongamento de sua vida na Terra, desejando o cumprimento apenas do compromisso assumido, no Mundo Espiritual, antes de tomar a forma corpórea. Portanto, observa-se poder a fatalidade transformar-se em vida, dependendo da vontade d'Aquele que criou a vida, porque diante de Deus tudo muda com a Sua magnânima vontade.

Em *O Livro dos Espíritos*[222], Allan Kardec indaga se, quando na erraticidade, antes de começar nova existência corporal, tem o Espírito consciência e previsão do que lhe sucederá no curso da vida terrena. A Espiritualidade informa que o próprio Espírito, em geral, escolhe o gênero de provas que deseja passar, conforme o seu livre-arbítrio. Logo, o tempo provável de vida e o gênero de morte é também escolhido neste momento, sendo tal informação confirmada pelos Espíritos em outro questionamento do livro, quando elucidam saber o Espírito que o gênero de vida escolhido o expõe mais a morrer de certa maneira, sabendo também quais lutas precisará enfrentar para evitar as dificuldades e não sucumbir[223].

Portanto, o Espírito sabe, de certo modo, que gênero de morte encerrará sua caminhada terrena, pois isto foi antes escolhido. Assim, desde que o seu destino não seja alterado por Deus, em função das atitudes e escolhas do Espírito quando encarnado, há um tempo certo para o retorno ao Plano Espiritual, conquanto este tempo não seja acertado em dias, horas e minutos.

Somos hoje a soma de tudo o que pensamos, falamos e fizemos, em todas as nossas reencarnações e nos intervalos entre elas. Temos um campo energético de atração

---

[222] KARDEC, Allan. *O Livro dos Espíritos*. 93ª ed. Brasília: FEB, 2013. Questão 258, p. 168.

[223] *Id., ibid.* questão 856. p. 379.

ou de repulsão que atrai ou repele pensamentos, emoções, palavras, intenções e ações, podendo, por isso, a fatalidade ser uma verdade em uma vida e em outra não. Como já dito alhures, tudo depende das mudanças empreendidas pela alma na sua jornada evolutiva, tudo muda por fora com as mutações por dentro.

52. Existe morte por "acidente"?

A questão aqui posta objetiva saber a incidência do planejamento reencarnatório em determinados tipos de morte, se a vítima teria que desencarnar desta forma? Em *O Livro dos Espíritos*, na parte referente à Lei de Liberdade, observamos ter sido a Espiritualidade enfática ao afirmar que o Espírito não perecerá quando não é chegada a hora, qualquer que seja o perigo que o ameace[224].

No caso de mortes violentas, por exemplo, conforme artigo publicado no site O Consolador[225], as vítimas estão inseridas, basicamente, em três tipos de situações:

1. *Prova* - neste caso a vítima sofre uma violência que gera a sua desencarnação, trazendo-lhe um teste, uma prova para que ela exercite as virtudes aprendidas, como o perdão. Tal situação gera aprendizado e evolução, sendo este tipo de morte normalmente solicitado pela vítima antes de sua reencarnação. Vale destacar que prova é uma oportunidade para se avaliar se as virtudes foram realmente aprendidas. Vencendo moralmente a situação, o Espírito alcançou determinada virtude.

2. *Expiação* - são as situações mais frequentes. A vítima teve a autoria de um ato de violência em vidas pas-

[224] *Id.*, *ibid.* questão 853. p. 378.

[225] O CONSOLADOR. *Mortes violentas e planejamento reencarnatório*. Disponível em: <https://bit.ly/2KINm7P>. Acesso em: 04 de julho de 2018.

sadas, prejudicando alguém e, como ainda não se liberou desse compromisso pelo amor, precisará sofrer as consequências na atual existência. Passando por esta expiação, terá o Espírito a oportunidade de expiar e reparar seus erros, harmonizando-se com as leis divinas.

3. *Missão* - algumas almas nobres morrem de forma violenta para darem exemplos de amor e de bem sofrer, como por exemplo Jesus e Gandhi.

Conquanto respeitemos as opiniões em contrário, acreditamos que o desencarne sempre acontece na hora certa, com exceção do suicídio, como já abordado na questão anterior. Assim, mesmo em casos de mortes violentas, a desencarnação fazia parte do seu cronograma reencarnatório.

Esse questionamento é muito natural em situações onde o desencarne dá-se mediante ação delituosa de outra pessoa, como assassinato, atropelamento, estupros etc. A questão que se coloca é acerca dos autores dessas violências. Se ninguém reencarna para o mal, o agressor não tinha em seu planejamento matar o seu próximo e, se em função do seu livre-arbítrio assim o fez, causaria uma morte não prevista, por "acidente" e, portanto, fora do cronograma reencarnatório da vítima.

Seguramente ninguém reencarna com o objetivo, o compromisso de matar alguém. Esta informação nos é transmita em *O Livro dos Espíritos*, quando Kardec pergunta se o homem que comete um homicídio sabe, ao escolher sua existência, que se tornará um assassino. Observemos a resposta dos Espíritos:

> Não. Escolhendo uma vida de lutas, sabe que terá ensejo de matar um de seus semelhantes, mas não sabe se o fará, visto *que ao crime precederá quase sempre, de sua parte, a deliberação de praticá-lo. Ora, aquele que delibera sobre uma coisa é sempre livre de*

> *fazê-la, ou não*. Se soubesse previamente que, como homem, teria que cometer um crime, o Espírito estaria a isso predestinado. Ficai, porém, sabendo que *ninguém há predestinado ao crime e que todo crime, como qualquer outro ato, resulta sempre da vontade e do livre-arbítrio.*
>
> Ademais, sempre confundis duas coisas muito distintas: os sucessos materiais da vida e os atos da vida moral. A fatalidade, que algumas vezes há, só existe com relação àqueles sucessos materiais, cuja causa reside fora de vós e que independem da vossa vontade. *Quanto aos atos da vida moral, esses emanam sempre do próprio homem que, por conseguinte, tem sempre a liberdade de escolher. No tocante, pois, a esses atos, nunca há fatalidade*[226] [grifo nosso].

Então, considerando não haver planejamento reencarnatório para o mal, a pessoa que escolhe matar alguém o faz em virtude de sua inferioridade Espiritual ou quando atropela alguém por estar alcoolizado e/ou em excesso de velocidade, o faz pela sua imprudência. Em tais situações, pelo uso indevido de seu livre-arbítrio, adquirirá compromissos expiatórios perante a Justiça Divina. Portanto, quando a vítima reencarna com o compromisso de morrer violentamente, não existe um Espírito predeterminado a matá-la e que tenha assumido este compromisso reencarnatório antes de nascer.

Contudo, existirão na Terra inúmeros Espíritos imperfeitos que, por sua violência e/ou imprudência, ceifarão a vida daquela vítima, funcionado como instrumento das leis divinas. Cabe ressaltar não os isentar, tal fato, das consequências morais e espirituais de suas ações, visto não estarem os agressores predeterminados a agirem dessa forma, podendo ter escolhido outra conduta. Jesus

---

[226] KARDEC, Allan. *O Livro dos Espíritos*. 93ª ed. Brasília: FEB, 2013. Questão 861, p. 379.

ensinou que os escândalos eram necessários, mas ai de quem os causasse.

Dentro deste tema outra questão que se coloca é como o agressor consegue identificar as pessoas que precisam desencarnar daquela forma. Através do Espiritismo sabemos que cada pessoa tem uma vibração Espiritual específica, um campo energético único de atração ou repulsão que atrai ou repele situações que reflitam sua história cármica, seus débitos, seus pensamentos, intenções e ações. É a chamada Lei de Atração e Repulsão, que age invariavelmente, chamada por Kardec de *Lei de Assimilação e Repulsão dos Fluidos*.

Deste modo, por conta do campo energético da pessoa, o agressor, de modo inconsciente, identifica-se com ela e promove a sua desencarnação. Essa energia vibracional explica também outros casos de violência, como o estupro, sequestros, roubos, entre outros. Nestes casos, o autor atua em desfavor daquele que deve vivenciar a situação traumática.

Entretanto, não podemos esquecer de ser Deus um pai de amor e de bondade, que o amor cobre a multidão de pecados. A criatura que tenha vindo com o compromisso expiatório de desencarnar numa situação de violência, poderá ter seu planejamento amenizado ou diluído totalmente por meio do bem que realize em sua vida na matéria, libertando-o dessa morte violenta. O amor é sempre o caminho que nos aproxima de Deus.

53. Como o Espiritismo pode ajudar uma pessoa encarnada a suportar a perda de um ente querido?

Este é realmente um tema muito delicado, pois sabemos que a dor da perda de um ente querido é muito grande, sendo uma das dores mais atrozes para a humanidade. A Doutrina Espírita mostra-nos que não é possível evitar a dor, deixar de senti-la, mas nos traz uma maneira diferente de encarar a morte.

O Espiritismo mostra à humanidade que a morte não existe, pois, o Espírito é eterno e que sobrevive à morte do corpo físico. No Plano Espiritual o Espírito continua com a sua individualidade, tem a oportunidade de aprender, estudar, trabalhar e prosseguir na sua caminhada evolutiva, não havendo pelo Espírito o esquecimento de seus familiares queridos que permaneceram na Terra, inclusive trabalham por eles no Plano Espiritual.

Ter consciência desses fatos traz consolo, alívio para quem fica na Terra, principalmente saber que esta separação é temporária, pois todos voltarão a se encontrar novamente, pois a morte não põe fim aos laços de família, aos laços de amor existentes entre as criaturas.

A Vida Espiritual é a verdadeira vida. Somos Espíritos reencarnados nessa maravilhosa escola chamada Terra para corrigir nossos erros e acelerar nosso aprendizado e progresso, mas para o Mundo Espiritual sempre voltaremos por meio da morte que destrói a vida orgânica, mas nunca a nossa individualidade, nosso Espírito. Somos imortais e a Vida Espiritual é tão somente uma continuidade aprimorada do que fazemos na vida na Terra.

Cabe destacar ainda, que o fato de estarmos encarnados e nossos entes amados desencarnados, não significa dizer que há impossibilidade de comunicação. Durante o processo de emancipação da alma pelo sono[227] nosso perispírito desdobra-se, podendo haver encontros espirituais que nos oportunizam rever familiares amados que se encontram na erraticidade, bem como outros amigos

[227] É o processo pelo qual a alma de um encarnado desprende-se parcialmente do corpo físico, ficando mais livre. Pode ser chamada também de desdobramento espiritual.

de vidas passadas que não estejam reencarnados no momento.

Esta é a razão pela qual muitas vezes sonhamos com aqueles familiares queridos e acreditamos ter sido apenas uma lembrança, quando na realidade foi um encontro real. Esses sonhos reais, que refletem vivências reais do Espírito em desdobramento, são normalmente nítidos, coloridos, com um encadeamento normal de ideias, com início, meio e fim, e não apenas imagens soltas ou desconexas. Nestas condições, o Espírito desdobrado teve, de fato, a oportunidade de vivenciar aquele encontro.

Portanto, mesmo durante a separação momentânea entre encarnados e desencarnados, ainda é possível e permitido por Deus estarmos em contato com os nossos amores. Contudo, é imprescindível destacar que os familiares que permanecem na Terra, quando irresignados com a morte do ente, quando se sentem injustiçados com o desencarne e/ou choram copiosamente, ocasionam grande sofrimento para o desencarnado.

Os entes desencarnados também não nos esquecem. Imaginemos como nos sentiríamos no Plano Espiritual se percebêssemos que nossos familiares na Terra não aceitam a nossa partida e choram como se Deus fosse injusto. Certamente teríamos dificuldades para seguir adiante espiritualmente. Deste modo, o descontrole emocional e sentimentos fúnebres prejudicam e afligem o Espírito desencarnado de maneira direta.

Kardec questiona como as dores inconsoláveis dos que sobrevivem à morte refletem nos Espíritos que as causam. Os Espíritos elucidam ser o Espírito sensível à lembrança e às saudades dos seus familiares terrenos, mas uma dor excessiva e desarrazoada o toca de modo penoso, observando ser falta de fé no futuro e de confiança em Deus e, assim, um impedimento ao adiantamento dos que o choram e à reunião com estes[228]. Acerca do tema Kardec observa:

> Estando o Espírito mais feliz no Espaço que na Terra, lamentar que ele tenha deixado a vida corpórea é deplorar que seja feliz. Figuremos dois amigos que se achem metidos na mesma prisão. Ambos alcançarão um dia a liberdade, mas um a obtém antes do outro. *Seria caridoso que o que continuou preso se entristecesse porque o seu amigo foi libertado primeiro?* Não haveria, de sua parte, mais egoísmo do que afeição em querer que do seu cativeiro e do seu sofrer partilhasse o outro por igual tempo? O mesmo se dá com dois seres que se amam na Terra. *O que parte primeiro é o que primeiro se liberta e só nos cabe felicitá-lo, aguardando com paciência o momento em que a nosso turno também o seremos* [229] [grifo nosso].

Não estamos dizendo não ser possível lembrar-se dos familiares desencarnados, apenas que devemos fazê-lo de forma positiva, com alegria pelos momentos passados juntos, orando e desejando que possa continuar sua caminhada em busca da evolução e do progresso e nos ajudando, dentro das suas possibilidades, pois um dia estarão todos juntos novamente. Enfim, pensar sempre coisas boas e positivas.

Um dos mecanismos de superação da dor para algumas famílias é a busca por mensagens psicografadas. Embora seja um legítimo meio, não devemos buscá-lo de maneira precipitada, em virtude dos diversos fatores que possibilitam a comunicação, como a permissão Espiritual, disponibilidade do Espírito desencarnado, relação de afinidade fluídica entre o Espírito e o médium, dentre outras.

---

[228] KARDEC, Allan. *O Livro dos Espíritos*. 93ª ed. Brasília: FEB, 2013. Questão 936, p. 419.

[229] *Id., ibid.* questão 936. p. 419.

Os Espíritos esclarecem que parentes e amigos desencarnados vêm, algumas vezes, ao nosso reencontro quando deixamos a Terra, nos felicitando como se estivéssemos regressando de uma longa e perigosa viagem; ajudam-nos ainda no desprendimento dos liames corporais. É benção divina concedida aos bons Espíritos ter seus familiares amados no momento de retorno à pátria Espiritual, mas aquele que se acha maculado permanece só, ou apenas tem a rodeá-lo os que lhe são semelhantes, sendo mesmo uma punição[230]. Ao desencarnar, portanto, reencontraremos aqueles que amamos e que se foram antes de nós, significando a mais pura expressão do amor de Deus por nós.

Deste modo, quem está na erraticidade e observa a conduta salutar de seus familiares com confiança em Deus, fica plenamente feliz e apto para atuar de forma construtiva no novo plano em que se encontra. No livro *O Evangelho Segundo o Espiritismo*[231] consta orientação sobre como superar a dor da perda de um familiar, destacando que precisamos os elevar acima da terra a terra da vida, compreendendo estar o bem, muitas vezes, onde julgamos existir o mal, não cabendo a nós avaliar a Justiça divina pela nossa.

Sem dúvida, a assimilação dos conhecimentos Espíritas ajuda o homem a entender a transitoriedade da vida corpórea, fortalecendo-o para superar a saudade dos entes familiares que partiram antes de nós, mas que não desapareceram para sempre. Lembremos sempre das palavras do querido Allan Kardec, ao afirmar:

> Pelas provas patentes, que ministra, da vida futura, da presença, em torno de nós, daqueles a

[230] *Id., ibid.* questão 289, p. 179.

[231] *Id. O Evangelho Segundo o Espiritismo*. 131ª ed. Brasília: FEB, 2013. p. 95.

quem amamos, da continuidade da afeição e da solicitude que nos dispensavam; pelas relações que nos faculta manter com eles, a Doutrina Espírita nos *oferece suprema consolação, por ocasião de uma das mais legítimas dores. Com o Espiritismo, não mais solidão, não mais abandono*: o homem, por muito insulado que esteja, tem sempre perto de si amigos com quem pode comunicar-se[232][grifo nosso].

Portanto, esse conhecimento que a Doutrina Espírita fornece da vida após a morte ajuda sobremaneira os familiares a suportar melhor este doloroso momento, sendo por isso de fundamental importância que procuremos conhecer e estudar mais sobre a imortalidade da alma, de modo a sair da ignorância que nos mantém na dor.

54. Os animais de estimação que perdemos, reencontraremos um dia no Plano Espiritual?

No Plano Espiritual é muito pouco provável, no mundo físico sim, é possível, pois o animal precisa continuar sua evolução e, quando falamos de animais, precisamos abordar aspectos como a alma dos animais, a evolução das espécies e o princípio Espiritual.

O Livro dos Espíritos[233] fala que os animais têm alma, conservando eles depois da morte sua individualidade, mas não a consciência do seu eu, pois que a vida inteligente permanece-lhes em estado latente. Demonstra que esse princípio sobrevivente é também uma alma, dependendo isto do sentido que é dado a esta palavra, sendo, porém, inferior à do homem, havendo entre a alma dos animais e

---

[232] *Id. O Livro dos Espíritos*. 93ª ed. Brasília: FEB, 2013. Questão 936. p. 420.

[233] *Id., ibid*. questão 597-598. p. 366.

a da homem distância equivalente à que medeia a alma do homem e Deus. O Espírito Miramez[234] elucida:

> [...] em se falando dos animais, a sua vida inteligente permanece em estado latente como nos informa "O Livro dos Espíritos". Há muitas filosofias Espiritualistas que ensinam de modo diferente, que as almas dos animais pertencem a um todo, que ao deixar o corpo perde a sua individualidade, penetrando na massa que corresponde ao seu viver. Essa informação é enganosa; *o animal não perde a sua individualidade, ele a conserva nos planos que a Vida Espiritual reserva para todos, sob a guarda de Entidades que trabalham com amor para a evolução de todos, voltando em outros corpos de acordo com as suas necessidades.*
>
> *Não fiques pensando que o teu cão, cavalo, ou macaco se dissolveu no espaço, por informações descabidas dos invigilantes.* Eles continuam a existir com mais propriedade e cada vez mais crescendo, porque a lei de Deus comanda o progresso. Tudo progride para sempre. Os animais, no amanhã, vão ter consciência de si mesmos.
>
> Esperemos. O tempo que se move pelas bênçãos de Deus vai nos mostrar, como mostrou em relação a nós outros, quando éramos animais como eles [grifo nosso].

Conquanto os animais tenham alma, eles não têm livre-arbítrio como o entendemos, conforme afirmação da Espiritualidade em *O Livro dos Espíritos*[235], sendo, no Plano Espiritual, recebidos por Espíritos incumbidos desta tarefa, classificados e utilizados, quase que imediatamente, não dispondo de tempo para se pôr em relação com outras criaturas. Os animais ficam numa espécie

---

[234] *O Livro dos Espíritos* comentado pelo Espírito Miramez. Disponível em: <https://bit.ly/FbehWF>. Acesso em: 06 de setembro de 2018.

[235] KARDEC, Allan. *O Livro dos Espíritos*. 93ª ed. Brasília: FEB, 2013. Questão 599-600, p. 366.

de erraticidade, considerando não se encontrarem mais juntos ao corpo físico, mas não podem ser considerados Espíritos errantes, pois estes pensam e são dotados de livre-arbítrio, o que não se dá com os animais.

O Espírito Miramez[236], em consonância com a Codificação, reforça ser a consciência de si mesmo o principal atributo da alma, que não dispõem os animais. Contudo, estão os mesmos avançando para isso, não se devendo pensar que eles não têm alma, pois sobrevivem depois da morte como os homens, apenas não dispondo de idênticas faculdades dos seres humanos. Reforça serem os animais igualmente filhos de Deus e que, no futuro, deverão pensar, sentir, falar, discernir e ouvir, fazendo tudo que o homem é capaz pelos processos que o progresso lhes impõe.

Pela leitura das considerações sobreditas, observamos ficarem os animais pouco tempo no Plano Espiritual, precisando retomar seu processo reencarnatório, evolutivo e, dependendo do sentimento sincero de amor entre aqueles que o tinham em família, esse animalzinho pode até retornar no seio da mesma família, continuando sua evolução e favorecendo o aprendizado dos sentimentos e das emoções.

No tocante à evolução dos animais, a Doutrina Espírita mostra-nos que há dois elementos gerais do Universo, conforme já explanado na questão 27: o princípio material, que dá origem a tudo que é matéria no universo, desde a matéria mais etérea a mais densa, e o princípio Espiritual que dá origem ao Espírito e, acima de tudo, Deus, formando a trindade universal. Ambos os

[236] *O Livro dos Espíritos* comentado pelo Espírito Miramez. Disponível em: <https://bit.ly/2NvJMwn>. Acesso em: 5 de julho de 2018.

princípios são distintos, mas precisam atuar em conjunto, para evoluir.

O princípio Espiritual, que ainda não é um Espírito, individualizado e consciente de si, ao ser criado, vai estagiar nos diversos reinos da natureza para aprender e adquirir o conhecimento, extraindo de cada um deles os subsídios necessários para sua evolução. No Reino Mineral, aprende a agregação da matéria; no Reino Vegetal adquire a sensibilidade; no Reino Animal adquire o instinto e a motilidade, ficando o processo de individualização mais elaborado. Quando alcança o máximo de aprendizado neste reino, vivenciando também a experiência dos chamados elementais[237], o princípio inteligente sofre uma transformação e se torna Espírito, completamente individualizado e com consciência de si, entrando no Reino Hominal. Seguirá sua evolução até alcançar o Reino Angélico, nossa destinação. A Espiritualidade alerta:

> Já não dissemos que tudo em a Natureza se encadeia e tende para a unidade? Nesses seres, cuja totalidade estais longe de conhecer, é que o princípio inteligente se elabora, se individualiza pouco a pouco e se ensaia para a vida, conforme acabamos de dizer. É, de certo modo, um trabalho preparatório, como o da germinação, por efeito do qual o princípio inteligente sofre uma transformação e se torna Espírito. Entra então no período da humanização, começando a ter consciência do seu futuro, capacidade de distinguir o bem do mal e a responsabilidade dos seus atos. [...] reconhecei a grandeza de Deus nessa admirável harmonia, mediante a qual tudo é solidário na Natureza. *Acreditar que Deus haja feito, seja o que for, sem um fim, e criado seres inteligentes sem futuro, fora*

[237] Para uma melhor compreensão dos seres elementais vide pergunta 47. Os duendes e os gnomos são Espíritos?

blasfemar da sua bondade, que se estende por sobre todas as suas criaturas[238] [grifo nosso].

Por isso é que os animais não podem permanecer eternamente como animais, pois precisam evoluir como tudo no Universo. Um dia o princípio Espiritual que os anima estará apto a ser transformado em Espírito, quando então reencarnará no Reino Hominal. É a Lei do Progresso.

55. Almas gêmeas existem?

Para responder esta questão, vamos abordar alguns aspectos:

1. Origem do termo e significado.
2. Foram criadas, desde a origem, destinadas uma a outra?
3. Em que se baseia essa união, essa completa afinidade.
4. Podem procurar caminhar juntas eternamente?
5. Estando encarnado, como reconhecer a alma gêmea ou almas afins?

Acerca da origem e do significado do termo, a alma gêmea é um tema antigo que permeia filosofias e religiões. Platão, o grande filósofo grego, é o responsável por popularizar o mito das almas gêmeas em sua obra *O Banquete*, cujo tema é verificado no Mito do Andrógino. Em um dos trechos imortaliza o tema das almas gêmeas, com o Mito do Andrógino.

[238] KARDEC, Allan. *O Livro dos Espíritos*. 93ª ed. Brasília: FEB, 2013. Questão 607. p. 288.

Ele conta que no início dos tempos os homens eram seres completos, com duas cabeças, quatro braços e quatro pernas, consideravam-se tão poderosos que subiram ao Olimpo para destronar os deuses e substitui-los. Porém, os deuses venceram a batalha e Zeus castigou os homens por sua rebeldia dividindo-os ao meio. Desde então os homens buscam incansavelmente suas metades. A saudade remete a essa busca pela metade ausente, pela natureza original, sendo a lembrança daquele sentimento inicial de completude o que impulsiona a busca atual por uma alma gêmea.

A mesma teoria é desenvolvida pela Cabala, defendendo que, quando a nossa alma foi criada, foi igualmente concebida outra alma, a nossa gêmea, que nos polariza, assim equilibrando o universo cósmico.

Em *O Livro dos Espíritos* constata-se não haver almas gêmeas no sentido de metades eternas[239], que se fundiriam numa para caracterizar uma individualidade, afirmando a Espiritualidade ser a expressão "metade" inexata, pois se um Espírito fosse a metade de outro, separado dele seria incompleto. Referente ao questionamento se as almas foram criadas destinadas uma a outra, esclarece não existir união particular e fatal entre duas almas, que a simpatia e a união entre os Espíritos são o resultado da perfeita concordância de suas inclinações, de seus instintos. A identidade perfeita consiste na semelhança de pensamentos, de sentimentos e de graus de elevação.

Cabe destacar serem almas afins e que não têm, necessariamente, uma relação amorosa, podendo esse encontro dar-se na condição de irmãos, pais, mães, filhos etc.

Na *Revista Espírita* de maio de 1858, no texto intitulado 'As metades eternas'[240], há o depoimento de dois

[239] *Id.*, *ibid*. questão 298. p. 181.

[240] Revista Espírita. 1858. Maio. *As metades eternas.* Disponível em: <https:// bit.ly/2tWwXTQ>. Acesso em: 5 de julho de 2018.

Espíritos considerados almas gêmeas, Abelardo e Heloísa, e informam que as almas não foram criadas em duplas, que formam desde a origem almas perfeitamente distintas, mas que caminham unidas e que, conforme se achem os homens mais ou menos perfeitos, acham-se nas mesmas condições. Afirmam que cada Espírito tende a procurar outro que lhe seja semelhante, sendo o que chamamos de simpatia. Emmanuel, na obra *O Consolador*, psicografia de Chico Xavier, assim se refere às almas gêmeas:

> No sagrado mistério da vida, cada coração possui no Infinito a alma gêmea da sua, companheira divina para a viagem à gloriosa imortalidade. Criadas umas para as outras, as almas gêmeas se buscam, sempre que separadas. A união perene é-lhes a aspiração suprema e indefinível. Milhares de seres, se transviados no crime ou na inconsciência, experimentaram a separação das almas que os sustentam, como a provação mais ríspida e dolorosa, e no drama das existências mais obscuras vemos sempre a atração eterna das almas que se amam mais intimamente, envolvendo umas para as outras num turbilhão de ansiedades angustiosas; atração que é superior a todas as expressões convencionais da vida terrestre. Quando se encontram no acervo real para os seus corações - o da ventura de sua união pela qual não trocariam todos os impérios do mundo, e a única amargura que lhes empana a alegria é a perspectiva de uma nova separação pela morte, perspectiva essa que a luz da Nova Revelação veio dissipar, descerrando para todos os Espíritos amantes do bem e da verdade os horizontes eternos da vida[241].

[241] XAVIER, Francisco Cândido. *O Consolador*. Pelo Espírito Emmanuel. [s.l.]: L. Neilmoris, 2009. p. 106.

A teoria das *'Almas Gêmeas'* trazida por Emmanuel foi contestada pela Federação Espírita Brasileira (FEB), por se mostrar, segundo a Federação, em contradição à resposta dada pelos Espíritos da Codificação, nas questões 298 e 299 de O Livro dos Espíritos. Em amável resposta, Emmanuel pediu que a conservasse, porque a alma gêmea não seria essa das metades eternas, mas das almas perfeitamente identificadas.

Divaldo Franco[242] informa que Emmanuel quis dizer que essas almas poderiam fundir-se, caso estivessem no corpo perispiritual apenas, pois os dois perispíritos não teriam ou sentiriam nenhum choque vibratório. Contudo, lembra de ter optado Kardec por manter a visão de que as metades eternas não existem, de modo que seríamos gêmeos no sentido afetivo profundo, idênticos nas aspirações, completar-nos-íamos uns aos outros sem o esquecimento da coletividade em geral, porque senão ficaríamos no privilégio do nosso amor exclusivo e abandonaríamos o mundo necessitado do nosso amor.

No tocante à possibilidade dessas almas caminharem juntas pela eternidade, é importante observar que as afinidades espirituais já demonstram virem as almas juntas há milênios e, por isso, acabam por apresentar grande identidade de bagagem Espiritual, sendo esta afinidade o alimento fundamental do Espírito para as realizações da vida. Nesse sentido, a possibilidade de caminharem juntas no processo evolutivo existe, mas no plano físico poderão reencarnar como pais, filhos, irmãos, marido e mulher, etc., conforme a necessidade evolutiva de cada um.

[242] Programa Transição. Divaldo Franco. *Alma Gêmea, Carma e justiça de Deus*. Disponível em: <https://bit.ly/2KOVMY5>. Acesso em: 5 de julho de 2018.

Acerca do tema, cabe mencionar a Revista Espírita de julho de 1862[243], que traz um curioso diálogo entre um casal afim. Vejamos:

> P. – Já me disseste várias vezes que nos reuniríamos para não mais nos separarmos. Como poderá dar-se isso? As reencarnações, mesmo as que se sucedem às da Terra, não separam sempre por um tempo mais ou menos longo?
>
> R. – Eu já te disse: *Deus permite aos que se amam sinceramente e que souberam sofrer com resignação para expiar as suas faltas, reunirem-se primeiramente no mundo dos Espíritos, onde progridem juntos, a fim de obterem reencarnações em mundos superiores. Eles podem, pois, se pedirem com fervor, deixar os mundos Espíritas na mesma ocasião, reencarnar-se nos mesmos lugares e, por um encadeamento de circunstâncias previamente determinadas, reunir-se pelos laços que mais convierem aos seus corações.* Uns terão pedido para serem pai ou mãe de um Espírito que lhes era simpático e que terão a felicidade de dirigir no bom caminho, cercando-o dos suaves cuidados da família e da amizade. Outros terão pedido a graça de se unirem pelo casamento e de verem decorrer muitos anos de felicidade e de amor. Falo do casamento entendido no sentido da união íntima de dois seres que não querem mais separar-se [grifo nosso].

E continua o Espírito esclarecendo:

> *[...] o que é que há nisso que não seja fácil de compreender e admitir? Deus, que ama a todos os seus filhos, não teria podido criar, para aqueles que se tiverem tornado dignos, uma felicidade tão perfeita quanto cruéis tinham sido as provas?* O que poderia ele conceder que fosse mais conforme ao sincero desejo de todo coração amoroso? De todas as recompensas

---

[243] REVISTA Espírita. 1862. Julho. *União simpática das almas*. Disponível em: https://bit.ly/2Nv-5znZ>. Acesso em: 5 de julho de 2018.

prometidas aos homens, algo há semelhante a esse pensamento, a essa esperança, eu poderia dizer a essa certeza de unir-se aos seres adorados por toda a eternidade? Acredita em mim, filha querida, nossas secretas aspirações, essa necessidade misteriosa, mas irresistível de amar, de amar longamente, de amar sempre, só foram colocadas por Deus em nossos corações porque a promessa do futuro nos permite essas doces esperanças. Deus não nos fará experimentar as dores da decepção. Nossos corações querem a felicidade e não pulsam senão pelas afeições puras. A recompensa só poderia ser a perfeita realização de nossos sonhos de amor. Do mesmo modo que, na condição de pobres Espíritos sofredores destinados à provação, foi-nos preciso pedir e escolher por vezes as mais cruéis expiações, *na condição de Espíritos felizes e regenerados escolhemos também, com a nova vida destinada a nos depurar ainda mais, a soma de felicidades* concedidas ao Espírito adiantado[244][grifo nosso].

Há muitos casos de afinidade nas obras Espíritas. Selecionamos trechos das obras de Chico Xavier que exemplificam e atestam o que abordamos:

1. *Renúncia*[245]: Alcíone e Carlos.

2. *50 Anos Depois*[246]: Nessa obra, anterior a *Renúncia*, élia e Ciro formam o mesmo casal de almas gêmeas Alcíone e Carlos.

3. *Há Dois Mil Anos*[247]: Lívia é alma gêmea de Públio Lêntulus, senador romano.

---

[244] Revista Espírita. 1858. Maio. *As metades eternas*. Disponível em: <https://bit.ly/2Nv5znZ>. Acesso em: 05 de julho de 2018.

[245] XAVIER, Francisco Cândido. *Renúncia*. Pelo Espírito Emmanuel. [s.l.]: FEB, [2011?].

[246] *Id. Cinquenta anos depois*. Pelo Espírito Emmanuel. [s.l.]: FEB, [2011?].

[247] *Id. Há dois mil anos*. Pelo Espírito Emmanuel. Rio de Janeiro: FEB, [2011?].

4. *Nosso Lar*[248]: Tobias se reencontra com suas duas esposas da última existência. A primeira, Hilda, era sua afinidade máxima e Luciana, a segunda, consorciou-se com ele em uma união fraternal.

5. *E a Vida Continua...*[249]. Evelina, católica desencarnada, era casada com Caio no plano físico, mas descobriu sua afinidade real em outra pessoa, Fantini.

Outro questionamento muito comum envolvendo o tema é se, quando encarnados, podemos reconhecer a alma gêmea ou almas afins. A união das almas gêmeas no Plano Espiritual por longa data é uma possibilidade, mas nem sempre acontece também no plano físico, pois tudo depende do merecimento de cada um e do estágio evolutivo. Um dos dois, por exemplo, pode necessitar reparar erros e passar por provas em uma futura reencarnação e o outro não. Neste caso podem se encontrar futuramente, mas não necessitam reencarnar juntos e passar por uma nova vivência na matéria.

A atração entre ambos é única e particular, transcendendo o plano físico em função da energia Espiritual existente entre as almas, sensação essa que se mantém com o passar dos anos. O encontro entre as almas gêmeas na Terra, quando reencarnam numa posição de eventuais parceiros amorosos, nem sempre se apresenta de modo a permitir uma união feliz e permanente, sendo mesmo raro acontecer. Normalmente o encontro e o relacionamento das almas gêmeas apresentam-se como um dos maiores desafios de suas vidas amorosas, sendo comum estar uma, ou ambas, em outros relacionamentos.

---

[248] *Id. Nosso Lar*. Pelo Espírito André Luiz. [s.l.]: Luz Espírita, 2011.

[249] *Id. E a vida continua*. Pelo Espírito André Luiz. Rio de Janeiro: FEB, [2011?].

Portanto, caso estejam em pontos diferentes do seu processo evolutivo haverá um adiamento da união, a se concretizar tão somente quando as almas forem merecedoras e estiverem, perante a lei de Deus, prontas para viverem o amor. A separação, quando existe na alma mais elevada a certeza de que um dia ficarão juntas, não é dolorida.

O encontro com a Alma Gêmea faz nascer, em ambos, sentimentos de segurança e de completude. Mesmo não sendo as condições da vida material favoráveis à união, quando então não podem assumir o que sentem, são irremediavelmente atraídas uma para a outra. Quando juntas sentem inexplicável sensação de paz e conforto, sentindo, no íntimo, que encontraram sua alma afim, conhecem-se e se compreendem sem precisarem de palavras, numa ligação de alma a alma.

Considerações Finais

Finalizar um projeto é sempre muito gratificante, pois traz a sensação de dever cumprido, principalmente quando assumidos um compromisso com Jesus, nosso Mestre e Guia.

A responsabilidade é sempre grande, pois temos ciência do investimento feito em nosso benefício pelos Amigos Espirituais para que o conteúdo da Doutrina Espírita possa alcançar mais corações necessitados dos seus esclarecimentos e, principalmente, do seu consolo.

Assim, ficamos felizes por oferecer nossa pequena contribuição. A satisfação é grande e a nossa vontade de continuar trabalhando também. Que os leitores estejam mais estimulados, felizes e seguros em abraçarem o Espiritismo, conscientes de ser uma Doutrina de amor, de caridade e de vivência do Evangelho.

Até breve.

CONHEÇA OUTROS LIVROS DA EDITORA LETRA ESPÍRITA

CONHEÇA OUTROS LIVROS DA SÉRIE

Conhecendo o Espiritismo

POR EVELYN FREIRE DE CARVALHO

UM ELO ENTRE DOIS PLANOS

Evelyn Freire de Carvalho

Estudo • 16x23 cm • 256 pp

Na obra examinamos os trabalhos desenvolvidos nas reuniões mediúnicas, a equipe encarnada e desencarnada, o diálogo com os Espíritos, as dificuldades enfrentadas, entre muitos outros assuntos.

ISBN: 978-65-88535-20-2

BÍBLIA SAGRADA: UM OLHAR ESPÍRITA

Evelyn Freire de Carvalho

Estudo • 16x23 cm • 256 pp

Trazendo um olhar espírita sobre os personagens bíblicos, as predições evangélicas e as aparentes contradições entre a Bíblia e o Espiritismo, você sanará muitas dúvidas. Algumas perguntas trazidas na obra são: Como entender o Apocalipse e o Juízo Final?, Há na Bíblia fenômenos mediúnicos?, A Bíblia é contrária ao Espiritismo?, Qual a visão espírita sobre santos, anjos e demônios?.

ISBN: 978-65-88535-02-8

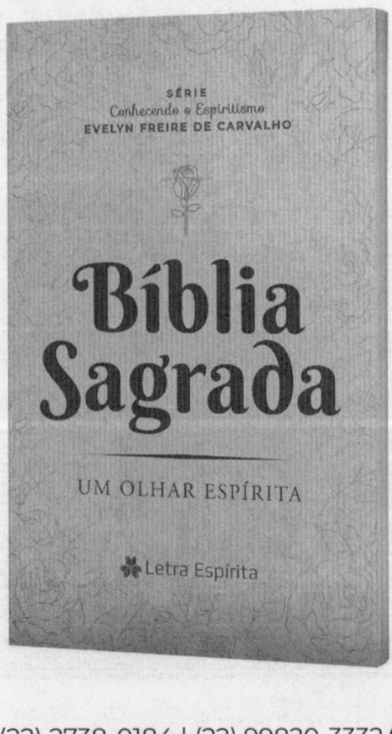

Pedidos: vendas@letraespirita.com.br | (22) 2738-0184 | (22) 99820-3332